U0499507

中国企业国际化成长中的
外来者劣势影响因素研究

张宇婷 ◎ 著

中国财经出版传媒集团

经济科学出版社
Economic Science Press

·北 京·

图书在版编目（CIP）数据

中国企业国际化成长中的外来者劣势影响因素研究／
张宇婷著 . -- 北京：经济科学出版社，2025. 3.
ISBN 978 - 7 - 5218 - 6802 - 9

Ⅰ．F279. 23

中国国家版本馆 CIP 数据核字第 2025TB4086 号

责任编辑：周国强　黄双蓉
责任校对：王肖楠
责任印制：张佳裕

中国企业国际化成长中的外来者劣势影响因素研究
ZHONGGUO QIYE GUOJIHUA CHENGZHANGZHONG DE
WAILAIZHE LIESHI YINGXIANG YINSU YANJIU
张宇婷　著
经济科学出版社出版、发行　新华书店经销
社址：北京市海淀区阜成路甲 28 号　邮编：100142
总编部电话：010 - 88191217　发行部电话：010 - 88191522
网址：www. esp. com. cn
电子邮箱：esp@ esp. com. cn
天猫网店：经济科学出版社旗舰店
网址：http：//jjkxcbs. tmall. com
北京联兴盛业印刷股份有限公司印装
710 × 1000　16 开　13. 5 印张　210000 字
2025 年 3 月第 1 版　2025 年 3 月第 1 次印刷
ISBN 978 - 7 - 5218 - 6802 - 9　定价：86. 00 元
（图书出现印装问题，本社负责调换。电话：010 - 88191545）
（版权所有　侵权必究　打击盗版　举报热线：010 - 88191661
　QQ：2242791300　营销中心电话：010 - 88191537
电子邮箱：dbts@ esp. com. cn）

前　言

　　改革开放以来,在国家各项方针政策的引领之下,中国的经济取得了飞速的发展,中国企业的经营能力和竞争实力不断增强,并陆续开展国际化经营活动,在拓展业务范围的同时,也日益融入国际市场体系并积极参与国际竞争。来自商务部的数据显示,2022 年中国对外非金融类直接投资达到7859.4 亿元人民币,同比增长 7.2%。近年来,虽然中国企业"走出去"呈现投资领域、投资方式以及投资主体多元化的良好态势,但在众多"走出去"的中国企业中,仍有很大一部分企业无法实现正常盈利,有的企业在东道国市场上短暂存续之后便退出。由于缺乏对东道国市场当地文化、消费者偏好以及市场惯例等多方面信息的充分了解与认知,外国子公司在进入东道国市场时不仅需要支付相对于东道国当地企业的额外成本(空间距离成本、母国环境成本、东道国环境成本以及企业特有成本等),而且还可能难以获得当地企业拥有的其他收益,因而其经营活动常常处于不利地位,查希尔(Zaheer,1995)将这种"先天的水土不服症"概括为"外来者劣势",并指出外来者劣势可能是子公司绩效降低甚至退出东道国市场的重要原因之一,应当引起足够的重视。

　　继查希尔(1995)提出外来者劣势的概念并强调其重要性之后,外来者劣势的相关问题逐渐引起了越来越多学者的关注,也相应产生了一系列重要的研究成果。通过广泛查阅国内外相关文献资料发现,既有研究含糊地假设企业层面和国家层面是分析外来者劣势相关问题的重要视角,重点讨论了企业与国家层面要素对外来者劣势的影响，忽略了区域要素的作用（Rugman and Oh，2012）。而在诸多区域层面的因素中，詹等（Chan et al.，2010）认为特定地区的要素资源以及产业活动的地理集中影响着跨国公司在各个区域的表现，后者作为一种"被创造"的禀赋，通过企业间的互动影响企业的经营决策和绩效表现，进而服务于当地的国际直接投资（FDI）（张宇婷等，2016）。同时，由于产业活动的地理集中更具动态性，也为分析跨国公司在各地区的表现以及可能面临的外来者劣势提供了一个很好的切入点。

鉴于此，本书尝试在既有研究的基础上增加一个区域维度，并基于知识图谱与文献计量法分别从理论基础、测量指标、影响因素以及克服策略等几个重要方面对外来者劣势的相关文献进行梳理，以外来者劣势理论、种群生态学以及集聚经济理论为基础，以在欧洲运营的中国制造业跨国子公司为样本，采用样本企业2011~2021年的数据，先讨论同行业集聚与同源国集聚对外来者劣势的影响以及国际化速度和心理距离对上述关系的调节作用，再结合描述性统计分析法、相关性分析、线性回归分析以及系统GMM估计等方法，运用SPSS17.0、Stata16.0等统计分析软件进行相应的实证检验。

本研究发现：第一，子公司面临的外来者劣势与东道国同行业集聚水平呈现先下降再上升的"U"型关系。当同行业集聚水平适中时，行业集群处于合法化阶段，此时东道国同行业集聚水平越高，子公司在东道国面临的外来者劣势越小。当集群中企业增多时，子公司间的竞争会在资源受限的情况下变得愈加激烈，这时合法化阶段合作效应大幅下降，竞争效应占主导，子公司甚至会因竞争承担更高的成本，造成外来者劣势的增加，此时同行业集聚水平越高，则海外子公司面临的外来者劣势越大。第二，子公司面临的外来者劣势与东道国同源国集聚水平呈现先下降再上升的"U"型关系。同源国集聚的前期，东道国同源国集聚水平越高，子公司面临的外来者劣势越小。随着东道国市场中来自同一母国的外来企业数量的增加，该群体内部进入竞争性阶段，此时同源国集聚水平的提高将使得企业面临的外来者劣势增大。第三，东道国同行业集聚水平与同源国集聚水平都较高时，子公司面临的外来者劣势更小。同行业集聚产生的外溢信息能够给企业带来与所需资源具有高适配度的行业信息，但面临高度隐性或敏感的信息获取时，同行业集聚的信息外溢作用有限，此时，子公司可以依赖于同源国集群内成员间高水平的信任关系。因此，当东道国的同行业集聚水平较高，且同源国集聚水平也较高时，子公司面临的外来者劣势将更小。第四，国际化速度负向调节同行业集聚与外来者劣势以及同源国集聚与外来者劣势之间的"U"型关系。合法化阶段，种群密度较小，快速的国际化有助于跨国公司发挥先动优势，迅速占据有利市场，减少外来者的影响。随着种群密度的加大，成员间产生竞争，国际化速度有助于子公司率先利用所需资源。因此，国际化速度弱化了同行业集聚对外来者劣势的影响，两者间"U"型曲线变得更为平坦。对于同源国集聚与外来者劣势的"U"型关系，国际化速度较高时，企业能够迅速与其他企业建立起信任关系，获取信息与知识。进入竞争性阶段后，快速国际化帮助子公司获取所需资源，减少外来者劣势的影响，因此，国际化速度也弱化了同源国集聚与外来者劣势间的关系，两者间"U"型曲线变得平缓。第五，心理距离负向调节同源国集聚与外来者劣势之间的"U"型关系。处于合法化构建阶段时，子公司受益于与同源国企业集聚产生的外部性，丰富自身的一般化知识和技能，用以应对常规化的经营事宜。同时，在面对心理距离的情况下，子公司会投入更多的时间和精力用于东道国市场的运营，因而面临较小程度的外来者劣势。进入竞争性阶段，虽然存在因争夺资源而引发的竞争，但由于前期积累的国际化经验以及同源国集聚带来的溢出效应，较大的心理距离反而有助于子公司构建新思维，开发新产品，开拓新市场。因此，心理距离的增加，使得竞争性阶段同源国集聚对外来者劣势的正向影响变小，"U"型曲线变得更为平缓。

本书可能从以下三个方面对外来者劣势的相关研究进行补充：第一，丰富了外来者劣势的理论基础。引入种群生态学理论，基于种群生态模型，结合种群演进过程讨论了在合法性阶段和竞争性阶段，企业种群的变化及其对外来者劣势的影响；同时，基于集聚经济理论，进一步分析了同行业集聚和同源国集聚对外来者劣势的影响机理，弥补了现有理论解释子公司与东道国在位企业协同演进过程中克服外来者劣势的局限，进而丰富了外来者劣势的理论基础。第二,从区域层面拓展了外来者劣势的研究。通过系统深入地探究同行业集聚与同源国集聚对外来者劣势的影响,以及国际化速度与心理距离对上述关系的调节作用,将现有外来者劣势的研究从既有的"企业—国家"层面拓展至"企业—国家—区域"层面,丰富了外来者劣势的研究内容。第三,构建了基于"企业—国家—区域"层面外来者劣势影响因素的一般框架。本书尝试通过纳入区域这一新的层面,结合已有研究结论,构建一个基于"企业—国家—区域"层面的外来者劣势影响因素的更具一般性的研究框架,为后续相应研究的顺利开展提供参考。

目　录

第一章

绪　论

第一节　研究背景与研究意义

一、研究背景

改革开放以来，在国家各项方针政策的引领之下，中国经济取得了飞速的发展，中国企业的经营能力和竞争实力也得到不断增强，并陆续实施国际化战略，在拓展其业务范围的同时，也逐渐融入国际市场体系并积极参与国际竞争。《中国企业全球化报告（2021－2022）》的统计结果显示，中国企业正在面临快速变化的国际市场环境，也正在逐步适应全球化新形势。当前，世界保护主义严重，全球经济处于下行趋势，加之新冠疫情对全球经济和各国企业的冲击，跨国企业的国际化经营活动受到严重影响。对中国跨国公司而言，相对复杂的制度背景与成长环境，使其在开展国际化扩张活动时面临的问题更为严峻。据统计，在众多"走出去"的中国跨国企业中，大约有1/3的企业难以实现盈利，即便是在实现盈利的企业中，也有近一半的企业难以实现预期目标。

　　自海默（Hymer，1976）提出跨国公司可以利用自身独特的垄断优势进行海外经营之后，大量研究认为，跨国公司凭借其特有的垄断优势以及特定条件下来自东道国当地供应商、消费者，甚至当地政府给予的优惠，可以便利其在东道国市场的国际化经营活动，特别是当投资由发达国家流向发展中国家时。然而，查希尔（Zaheer，1995）却认为由于缺乏对东道国市场当地文化、消费者偏好以及市场惯例等多方面信息的充分了解与认知，外国子公司在进入东道国市场时，需要支付包括空间距离成本、母国环境成本、东道国环境成本以及企业特有成本等在内的额外成本，并且还可能难以获得当地企业由于既有关系网络等因素所产生的其他收益，因而其经营活动常常处于不利地位，并将这种先天的"水土不服症"概括为"外来者劣势（Liability of Foreignness，LOF）"。查希尔指出外来者劣势可能是跨国子公司绩效降低甚至退出东道国市场的重要原因之一，应当引起学术界和企业界的足够重视。

　　查希尔（1995）最早运用资源基础观（RBV），通过配对纽约与东京外汇交易所的数据，分析了子公司凭借其特有资源或优势克服外来者劣势的内在机理，该研究不仅提供了外来者劣势存在的证据，还指出外来者劣势会随时间而发生动态变化。继查希尔（1995）对外来者劣势进行分析界定之后，外来者劣势的相关问题逐渐引起越来越多学者的关注，但多数研究将其视为一种"想当然"的基本假设，并未对其展开系统剖析（Bell et al.，2012）。近年来的一些研究对传统假设提出了挑战，认为外来者劣势可能在不同层面上存在差异，于是理论界又一次掀起了关于外来者劣势的讨论。学者们遵循从成本到"成本和收益"的演进路径，讨论了外来者劣势的构成要素，即从单纯考虑相对于当地企业，跨国公司国际化经营过程中额外发生的成本（Eden and Miller，2001），转向既考虑跨国公司额外发生的成本，又兼顾其额外减少的收益（Mezias，2002；Sethi and Judge，2009），在这些讨论过程中也形成了一系列较为基础的研究成果，为后续研究工作的展开奠定了扎实的基础。但这些研究多以发达国家的跨国公司为样本，以服务业（特别是金融服务业）为主。

　　随着一些来自发展中国家的跨国公司不断走出国门，走向国际市场，资源基础观的解释力受到了一些挑战，但制度理论的出现却很好地弥补了这一不足，制度理论认为即使不具备所有权优势，来自发展中国家的跨国公司也可以优先进入制度相近的东道国，并通过模仿同构等活动来克服外来者劣势，因而依托制度理论讨论外来者劣势影响因素及其克服策略的文献不断涌现（Kaise and Sofka，2006；Chen，2006）。之后，学者们的关注点逐渐转向比较资源基础观和制度理论哪一个更适合解释外来者劣势问题，但研究结论各异。这似乎可以间接说明，简单地借鉴适用于发达国家的理论和样本来解释发展中国家的现象存在一定的局限，应该尝试结合发展中国家跨国公司的特点，基于相应的理论基础予以阐述。

近年来，国内学者开始关注外来者劣势问题，如王凤彬和石鸟云（2011）围绕外来者身份向劣势或优势转化的调节因素，归纳和探讨了企业跨国经营中应对外来者劣势的可行策略；任兵和郑莹（2012）在梳理已有研究的基础上，评价了外来者劣势概念演化、存在性验证和克服策略等方面的研究进展；杜晓君等（2014）分析了外来者劣势对跨国企业国际并购绩效的影响；翟瑞瑞等（2015）提出了一个整合外来者劣势成因、克服方法和跨国公司绩效的研究框架；吴冰等（2018）通过加入时间和空间维度对外来者劣势理论进行了拓展，等等，但相关研究多处于对国外相关理论的梳理与借鉴阶段，仍缺乏更为系统的剖析。

本书梳理了近年来有关外来者劣势的相关文献后发现：第一，从研究层面看，已有文献主要是从国家层面和企业层面进行相应的分析，而基于区域层面讨论外来者劣势问题的相关研究非常有限。比如，米勒和理查兹（Miller and Richards，2002）剖析了在欧盟九国运营的银行业的外来者劣势问题；克伦伯格和汤姆森（Kronborg and Thomsen，2009）讨论了在丹麦的外国子公司面临的外来者劣势问题；马塔和弗雷塔斯（Mata and Freitas，2012）分析了在葡萄牙运营的外国子公司的外来者劣势问题；埃德曼（Edman，2016）认为外来者劣势不仅是一个国家层面的印记，更是企业的身份，需要进行有目的的管理；瓜等（Gua et al.，2022）讨论了投资于"一带一路"共建国家的796家中国企业面临的外来者劣势问题，等等。虽然也有学者讨论特定城市的外来者劣势现象，比如查希尔（1995）比较了外国子公司在纽约和东京外汇交易所的外来者劣势差异；纳祖姆（Nachum，2003）剖析了伦敦金融服务业的外来者劣势问题，但上述研究均为单一城市内的外来者劣势现象，且所选城市均为国际化金融中心，其普适性受限。第二，从样本行业看，外来者劣势的研究起源于银行业，因此，早期的研究主要围绕金融业的外来者劣势问题展开。比如，查希尔（1995）研究了外汇交易行业的外来者劣势；米勒和帕克赫（Miller and Parkhe，2002）、米勒和理查兹（2002）、佩雷斯－巴特雷斯和艾登（Perez-Batres and Eden，2008）研究了银行业的外来者劣势问题。随后，学者们研究的行业范围逐渐扩展到离岸服务业（Bunyaratavej et al.，2007）以及包括保险业在内的金融服务业（Elango，2009）和股票市场（Baik，2013），等等。近年来，随着研究的逐渐深入，所涉及的研究行业开始向制造业渗透，但相对于服务业的研究，有关制造业的研究仍然难以匹配其发展现状，尚需大量更为深入系统的探讨予以补充。

综上所述，既有研究含糊地假设企业层面和国家层面是分析外来者劣势相关问题的重要视角，重点讨论了企业层面要素与国家层面要素对外来者劣势的影响。虽然在国际商务或战略管理的相关研究中，企业要素与国家要素之间的相互关系是传统的讨论焦点，但对于企业与区域之间的关系也应该予以同等的重视（Rugman and Oh，2012）。因此，本书在已有研究的基础上，通过引入区域层面的要素，构建基于"企业—国家—区域"的分析框架，系统剖析中国企业国际化成长中的外来者劣势影响因素。而在诸多区域层面的因素中，詹等（Chan et al.，2010）总结了已有文献的研究结论，认为特定地区的要素资源和产业活动的地理集中可能是跨国公司在各个区域表现差异的主要原因。其中，特定地区的要素资源常常被视为一种"天然"的禀赋，难以复制；而产业活动的地理集中则可以作为一种"被创造"的禀赋，服务于当地的国际直接投资（FDI）（张宇婷等，2016），还可以通过企业间的互动影响企业的经营决策和绩效表现。因此，相较于特定地区的要素资源，产业活动的地理集中更具动态性，也为分析跨国公司在各地区的表现以及可能面临的外来者劣势提供了一个很好的切入点。

因此，本书尝试在既有研究的基础上增加一个区域维度，结合子公司与东道国在位企业间的互动情况，分析同源国集聚和同行业集聚对外来者劣势的影响。同时，考虑到国际化速度和心理距离可能会对同源国集聚和同行业集聚与外来者劣势之间的关系产生影响，进一步分析国际化速度和心理距离对上述关系的调节作用。

二、研究意义

外来者劣势问题"既古老又新兴"，古老主要源于其与跨国公司的研究相伴而生，新兴则是因为其虽与跨国公司相伴而生，但长期以来却被认为是一个"想当然（take it for granted）"的基本假设，并未对其进行系统剖析（Bell et al.，2012），直到近年来，伴随着国际经济形势的变化以及跨国公司的发展实际，学者们才开始尝试重新审视这一问题。本书基于外来者劣势理论、制度理论、种群生态学以及集聚经济理论，以在欧洲运营的中国制造业跨国子公司为样本，采用样本企业 2011～2021 年的数据，先讨论同行业集聚与同源国集聚对外来者劣势的影响，再进一步分析国际化速度和心理距离对上述关系的调节作用。

（一）理论意义

首先，丰富了外来者劣势的理论基础。本书通过引入种群生态学理论和集聚经济理论分析外来者劣势相关问题。一方面，基于种群生态模型，结合种群演进过程讨论了不同阶段（合法性阶段和竞争性阶段）企业种群的变化及其对外来者劣势的影响；另一方面，进一步基于集聚经济理论，分析同行业集聚和同源国集聚对外来者劣势的影响机理，弥补了现有理论解释子公司与东道国在位企业协同演进过程中克服外来者劣势的局限，进而丰富了外来者劣势的理论基础。

其次，拓展了外来者劣势的研究层面。本书在既有研究的基础上，增加了区域要素，同时，考虑到子公司进入东道国市场后，不可避免地要与当地市场在位企业之间共享自然资源、信息资源以及公共基础设施等，产生相互合作或相互竞争的情况，而同行业集聚和同源国集聚活动能够较好地反映各企业之间的协同共生问题，因此，本书从同行业集聚和同源国集聚两个方面讨论了它们对外来者劣势的影响，实现将现有研究从传统"企业—国家"层面拓展至"企业—国家—区域"层面，进一步增强了外来者劣势理论的解释力和普遍适用性。

最后，构建了更具一般性的外来者劣势影响因素的分析框架。以往研究在讨论外来者劣势的影响因素时，多着眼于国家层面或企业层面，对于区域层面影响因素的讨论较为有限。本书整合了外来者劣势理论、制度理论、种群生态学以及集聚经济理论，通过构建"企业—国家—区域"分析框架，进一步系统剖析中国企业国际化成长中的外来者劣势问题，为后续的相应研究奠定了基础。

（二）实践价值

近年来，虽然中国企业"走出去"呈现投资领域、投资方式以及投资主体多元化的良好态势，但在众多"走出去"的中国企业中，仍有很大一部分企业无法实现正常盈利，有的企业在东道国市场短暂存续之后便退出。查希尔（1995）最早用"外来者劣势"概括解释了这一现象，并认为外来者劣势的存在是子公司在东道国市场绩效降低，甚至难以存续的主要原因。因此，明晰外来者劣势的影响因素至关重要。结合中国情境，探究中国企业在国际化成长中面临外来者劣势的主要影响因素，不仅有助于为众多试图"走出去"的企业提供有价值的参考，也能为实现子公司在东道国市场的生存与成长提供借鉴。

首先，助推中国企业"走出去"。由于外来者身份的存在，中国的海外子公司在国际化经营过程中往往面临着较为严峻的外来者劣势，与此同时，作为发展中国家，中国的海外子公司还会面临来源国劣势，在双重劣势的影响下，子公司的国际化经营过程异常艰辛。因此，明晰影响外来者劣势的主要因素，并最终克服外来者劣势成为众多"走出去"的中国企业亟待解决的问题，本书通过探究外来者劣势的影响因素及其克服路径，能够在一定程度上帮助诸多试图或已经"走出去"的中国企业识别海外市场风险，减少外来者劣势对其国际化进程的影响，从而实现在海外市场的盈利和持续运营。同时，本书还将国际化速度与心理距离纳入分析框架，研究结果表明两者对同行业集聚与外来者劣势以及同源国集聚与外来者劣势之间的关系起调节作用，相应的研究结论有助于中国海外子公司分析在不同的心理距离环境差异下，合理评估自身国际化速度，审慎决策，避免外来者劣势的消极影响。

其次，有助于各级政府制定更具针对性的对外投资政策。对各级政府而言，熟悉外来者劣势的影响因素，了解东道国当地的营商环境，有助于各级政府根据东道国的地区发展特征制定有效的对外投资政策，在一定程度上促进子公司自身以及跨国公司整体国际化战略的执行。同时，相应的研究结论对于海外子公司的区位选择决策也具有一定的指导意义，跨国公司在进行东道国市场选择时，往往会考虑自身在东道国可能面临的外来者劣势问题，本书的研究结论对跨国公司的决策也具有一定的指导意义。

再次，跨国公司应学会利用较为成功的在位企业产生的知识外溢。子公司可以考虑进入同行业集聚水平或同源国集聚水平较高的区域，这不仅体现出中国跨国公司所面临的不确定性挑战，更启示子公司要逐渐学会利用和吸收成功的在位企业产生的知识外溢，从母国企业及东道国同行业企业中学习专业知识和管理经验，从而为中国制造业海外子公司高质量发展奠定良好基础。当然，也要注意，子公司需要尽快走出依靠集聚外部效益的初步投资阶段，防范由于竞争过大导致外来者劣势增强的情况出现。

最后，有助于提高中国企业的声誉。有效地克服外来者劣势，不仅可以增强跨国公司的竞争力和竞争优势，还可以更好地协调社会、经济以及环境的发展，进一步提升企业和国家的声誉，增强中国跨国公司在世界经济舞台上的实力和表现力，实现其在全球化进程中的立足与成长。

第二节　研究思路与研究方法

本书在广泛查阅国内外相关文献资料，把握国内外有关外来者劣势基本理论、资源基础观、制度基础观、集聚经济以及子公司生存等多方面最新前沿动态观点的基础上，对已有研究进行传承和拓展。

一、研究思路

本书在对企业国际化相关经典理论和已有研究成果进行梳理的基础上，增加了一个区域维度，将现有研究从传统"企业—国家"层面拓展至"企业—国家—区域"层面，并结合外来者劣势、集聚经济理论以及种群生态学理论，探索性地阐述中国企业国际化成长过程中外来者劣势的影响因素。

一方面，引入区域层面的影响因素，拓展外来者劣势的研究层面。与传统企业国际化相关研究类似，有关外来者劣势的研究中，学者们在分析其可能的影响因素时，也依然多基于国家层面和企业层面展开分析。其中，国家层面的影响因素包括母国环境影响、东道国环境影响以及东道国与母国之间的环境差异影响等相关内容；企业层面的影响因素包括母公司因素、子公司因素以及母子公司之间的转化吸收，等等，这些研究为本研究奠定了坚实的理论基础。但既有研究将国家视为一个统一的分析单元，对于一些区域层面影响因素的讨论略显不足。因此，本书在已有研究的基础上，通过增加一个区域层面，分别讨论同行业集聚和同源国集聚对外来者劣势的影响。

另一方面，构建基于"企业—国家—区域"层面的分析框架，系统阐述外来者劣势的影响因素。当我们将研究层面从"企业—国家"层面拓展至"企业—国家—区域"层面之后，不仅增加了区域层面的影响因素，还可能会出现其与原有国家层面和企业层面影响因素对外来者劣势的共同影响，实现从二维到三维的拓展。因此，本书在既有研究的基础上，基于种群生态学和集聚经济等相关理论，构建基于"企业—国家—区域"的一般性分析框架，期望能够更为系统地探讨外来者劣势的相关问题。

二、研究方法

为了能够更为全面系统地阐述中国企业国际化成长过程中面临的外来者劣势的影响因素，本书主要采用了知识图谱与文献计量法和实证研究方法，分别解决既有文献的归纳梳理问题、引入区域层面影响因素后的调节效应以及一般性框架的检验问题。

（一）知识图谱与文献计量法

本书基于知识图谱与文献计量法解决对外来者劣势既有研究内容的梳理以及寻求可能研究机会的问题。知识图谱分析方法通过图谱形式挖掘和展示知识间的相关关系，使得研究更加直观深入，便于理解。陈超美在 2003 年开发了一款可视化分析软件 CiteSpace，通过文献计量分析可以得到较为直观的图谱，非常清晰地展现某一研究领域的研究脉络、研究热点以及可能的发展趋势，由于其操作简单，可视化效果好，信息清晰易解读，因此备受学者们的喜爱，并被广泛应用于各研究领域。相较于以往较为主观地归纳整理特定研究逻辑和前沿问题，CiteSpace 的分析结果更具科学性和准确性。因此，本书的文献综述部分运用知识图谱分析方法，对外来者劣势相关的既有文献分别从理论基础、测量指标、影响因素以及克服策略等几个重要方面进行相应梳理，并总结凝练当前外来者劣势研究体系中可能的研究机会。

（二）实证研究方法

本书基于系统 GMM 估计方法解决在引入区域层面影响因素之后，同行业集聚和同源国集聚对外来者劣势的影响，以及企业层面的国际化速度和国家层面的心理距离对两者关系的调节效应。本书在文献梳理和理论阐述的基础上，以在欧洲运营的中国制造业跨国子公司为样本，采用样本企业 2011～2021 年的数据，运用描述性统计分析法、相关分析、T 检验、线性回归分析以及系统 GMM 估计等方法，以及 SPSS17.0、STATA16.0 等统计分析软件，讨论同行业集聚与同源国集聚对外来者劣势的影响以及国际化速度和心理距离的调节效应，对本书中所提出的假设进行验证。

第三节　研究内容与技术路线

一、研究内容

本书基于外来者劣势理论、资源基础观、制度理论、种群生态学以及集聚经济理论，在系统梳理既有文献的基础上，通过构建"企业—国家—区域"模型，综合运用系统 GMM 估计方法检验同行业集聚与同源国集聚对外来者劣势的影响以及国际化速度和心理距离对两者关系的调节效应。具体研究内容包括：

第一章　绪论。绪论部分主要包括本书的研究背景与研究意义、研究思路与研究方法、研究内容与技术路线，并依据本书的主要研究内容总结可能的创新点等内容。

第二章　文献综述。本部分首先借助 CiteSpace 软件对既有外来者劣势的相关文献进行相应的图谱分析，然后结合图谱分析的结果，围绕外来者劣势的理论基础、衡量指标、影响因素以及克服策略等几个方面进行综述，归纳总结出本研究的切入点，为后面的研究奠定基础。

第三章　理论推演。本章将重点基于种群生态学的基本理论以及集聚经济理论，结合种群成长模型，纳入同行业集聚与同源国集聚，讨论两者在合法性阶段和竞争性阶段对外来者劣势的不同影响。

第四章 集聚对外来者劣势的影响。基于种群生态学理论和集聚经济理论，结合种群演化的合法化与竞争性阶段，依据外来者劣势的信息不对称和合法性缺失来源，系统探讨同行业集聚与同源国集聚通过影响信息不对称和合法性缺失，进而对外来者劣势产生影响的主要机理，并以在欧洲运营的中国制造业跨国子公司为样本，采用样本企业 2011～2021 年的数据，运用系统 GMM 估计方法对本研究提出的理论假设进行检验。

第五章 集聚、国际化速度与外来者劣势。本章在前一章讨论的基础上，进一步结合国际化速度的相关理论，讨论国际化速度对于同行业集聚和同源国集聚对外来者劣势影响关系的调节作用。借鉴哈恩斯等（Haans et al.，2016）的观点和方法，分别从"U"型曲线的拐点位置是否发生移动以及"U"型曲线的形状是否发生变化两个方面检验上述调节效应。

第六章 集聚、心理距离与外来者劣势。本章在前面章节分析的基础上，进一步结合心理距离的相关理论，讨论心理距离对于同行业集聚和同源国集聚对外来者劣势影响关系的调节作用。同样采用前述样本，借鉴哈恩斯等（2016）的观点和方法，分别从"U"型曲线的拐点位置是否发生移动以及"U"型曲线的形状是否发生变化两个方面检验心理距离的调节效应。

第七章 结论与展望。本章主要任务是结合各章节分析的主要内容，总结归纳出结论性的观点，在此基础上提出中国企业在国际化成长过程中外来者劣势的克服策略以及相应的管理启示，并对后续研究方向予以展望。

二、技术路线

本书研究内容的技术路线见图 1-1。

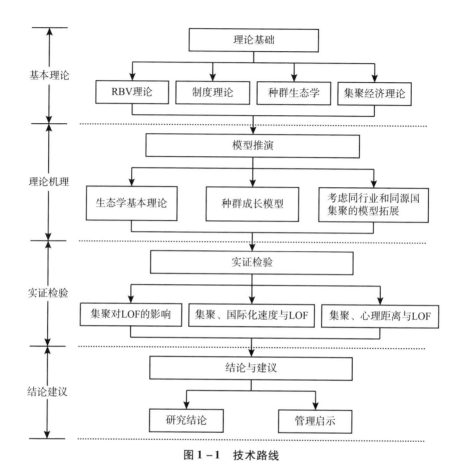

图 1 - 1　技术路线

第四节　可能的创新

通过本书的理论分析与实证检验,可以从以下三个方面对外来者劣势的研究体系进行补充:

第一,丰富了外来者劣势的理论基础。本书引入种群生态学理论,基于种群生态模型,结合种群演进过程讨论了合法性阶段和竞争性阶段,企业种群的变化及其对外来者劣势的影响;同时,本书进一步基于集聚经济理论,分析同行业集聚和同源国集聚对外来者劣势的影响机理，弥补了现有理论解释子公司与东道国在位企业协同演进过程中克服外来者劣势的局限，进而丰富了外来者劣势的理论基础。

第二，从区域层面拓展了外来者劣势的研究。既有研究多从宏观的国家层面和微观的企业层面分析外来者劣势的影响因素，从区域层面讨论外来者劣势影响因素的研究有限。本书通过系统深入地探究同行业集聚与同源国集聚对外来者劣势的影响，以及国际化速度与心理距离对上述关系的调节作用，将现有外来者劣势的研究从原来的"企业—国家"层面拓展至"企业—国家—区域"层面，丰富了外来者劣势的研究内容。

第三，构建了基于"企业—国家—区域"层面外来者劣势影响因素的一般框架。既有研究主要从企业和国家层面讨论外来者劣势的影响因素，本书尝试通过纳入区域这一新的层面，结合已有研究结论，构建基于"企业—国家—区域"层面的外来者劣势影响因素的更具一般性的研究框架，为后续相应研究的开展奠定了基础。

第二章
文献综述

自查希尔（1995）提出外来者劣势的概念并认为外来者劣势可能是影响企业国际化经营的重要因素之后，学者们围绕外来者劣势的理论基础、概念剖析、指标测量、影响因素以及可能的克服策略展开了较为丰富的研究，在完善外来者劣势研究体系的基础上，更为本研究奠定了较为扎实的基础。本章主要围绕现有外来者劣势的相关研究进行相应的文献梳理。同时，考虑到传统文献综述一般围绕某一主题或按照时间演进顺序对既有文献进行梳理，可能会存在一定程度的主观性。近年来逐渐兴起利用可视化分析软件进行文献综述的热潮，通过软件工具，对既有文献的核心要素进行分析，能够在很大程度上弥补传统方法的不足。因此，本书也首先利用 CiteSpace 软件对既有的相关文献进行可视化分析，然后结合分析结果进行相应的阐述，进一步增强综述内容的系统性和逻辑性。

第一节　基于 CiteSpace 的外来者劣势研究整体脉络[①]

CiteSpace 是一款可视化分析软件，通过对既有文献的关键词、期刊、作

[①]　本章内容主要来源于作者 2021 年发表于《科技进步与对策》的文章，详见参考文献。

者和机构等要素进行分析之后，以更为直观的图谱呈现结果，进而明晰所选主题的整体研究脉络，包括研究现状、研究热点以及可能的研究趋势等。同时，运用该软件还可以按照时间顺序沿着一定的逻辑关系梳理出相关研究的演进过程。鉴于此，本书首先利用 CiteSpace 可视化分析软件对外来者劣势相关文献的研究热点进行分析，然后分别从理论基础、测量方法、主要影响因素以及可能的克服策略等几个方面进行文献的归纳与总结。

通常情况下，某一特定领域在一段时间内集中讨论的话题构成该领域的研究热点。一般而言，关键词可以对一篇文章核心内容进行高度概括和提炼，通过关键词也可以大致了解文章的研究内容。因此，在一定程度上，一些高频关键词就成为某一领域研究热点的另一种表现形式。本书按照 CiteSpace 软件的内在逻辑，限定时间为 2008 ~ 2021 年，将外来者劣势相关研究的主要关键词划分为关键词共现和关键词聚类，然后根据关键词共现和聚类的结果进一步总结外来者劣势的研究热点。其中，中文文献主要来源于中国知网的 CSSCI 期刊源数据库，通过全文字段搜索后共得到 564 篇文献；英文文献主要来源于 Web of Science 数据库，通过核心合集中搜索共得到 300 篇文献，之后，围绕收集到的文献，分别进行关键词共现分析和关键词聚类分析。

一、关键词共现分析

在 CiteSpace 软件中，Node Types 栏中选择 Keyword，保持其他设置不变，运行软件后得到外来者劣势相关研究的关键词共现图谱（见图 2 - 1）。其中，左边为国外研究的关键词共现图谱，共包含 177 个节点以及 1323 条连线；右边为国内研究的关键词共现图谱，共包含 130 个节点以及 285 条连线。一般认为，图谱中的节点越大，说明关键词被涉及的次数越多，各个节点之间的连线越粗，表明关键词之间的关联程度越高。通过对比国内外相关研究的关键词共现图谱可以发现：国外研究的节点多，说明主要关键词涉及较多；节点之间的连线也更为粗壮，说明关键词之间的联系较为紧密。国内研究不仅节点少，连接稀疏，而且各节点之间连线也更细，说明关键词之间的关联程度较弱，连线数大约只占到国外研究连线数的20%左右。因此，可以认为国外研究相对丰富，国内研究还有很大的提升空间，还应该重点围绕研究范围、研究的相关性以及研究深度等多个方面展开更为系统的分析。

图2－1　外来者劣势国内外相关研究的关键词共现图谱

进一步地，根据可视化信息结果，剔除较为宽泛以及无实际意义的关键词（如firm等），最终整理得到外来者劣势相关研究的高频关键词（见表2－1）。高频关键词能够在一定程度上反映出既有研究的主要方向，高频关键词的中心性能够间接表明这一关键词在该领域的影响力。一般认为，当关键词的中心性大于等于0.1时，该关键词是这一研究领域的关键节点。

表 2-1   外来者劣势相关研究高频关键词汇总

频次	中心性	国外关键词	频次	中心性	国内关键词
111	0.09	Liability[①]（2008 年）	78	0.37	对外直接投资[③]（2012 年）
97	0.08	Performance[①②]（2008 年）	53	0.28	制度距离[①②]（2013 年）
89	0.10	Foreignness[①]（2008 年）	41	0.31	外来者劣势[①]（2012 年）
88	0.06	LOF[①]（2008 年）	35	0.32	跨国并购[②]（2015 年）
63	0.07	Strategy[②]（2008 年）	29	0.35	创新绩效[②]（2016 年）
49	0.05	Internationalization[①]（2008 年）	28	0.13	一带一路[②③]（2017 年）
33	0.03	Knowledge[②]（2008 年）	25	0.16	文化距离[①②]（2012 年）
32	0.07	China[③]（2008 年）	23	0.10	区位选择[②]（2014 年）
29	0.10	Innovation[②]（2009 年）	22	0.07	跨国公司[③]（2011 年）
24	0.03	Institutional distance[①②]（2014 年）	21	0.13	国际化[①]（2013 年）
24	0.02	Multinational enterprise[③]（2009 年）	18	0.05	企业绩效[①②]（2017 年）
23	0.08	Network[②④]（2008 年）	11	0.02	国际化速度[②]（2017 年）
23	0.04	Entry[②]（2009 年）	11	0.04	合法性[①]（2015 年）
22	0.01	Untied States[③]（2008 年）	10	0.04	吸收能力[②]（2017 年）
21	0.08	Legitimacy[①④]（2016 年）	10	0.08	CSR[②]（2018 年）
21	0.07	Model[②]（2012 年）	10	0.08	进入模式[②]（2016 年）
20	0.05	Ownership[②]（2009 年）	8	0.08	BRI[②]（2018 年）
18	0.02	Survival[①]（2009 年）	7	0.05	企业国际化[①]（2019 年）
19	0.07	FDI[③]（2013 年）	6	0.03	组织学习[②]（2014 年）
16	0.06	CSR[②]（2012 年）	6	0.03	研发国际化[②]（2017 年）

注：括号里的年份表示关键词首次出现的时间；①可归类可为外来者劣势的界定与测量；②可归类为外来者劣势的影响因素与克服策略；③可归类为外来者劣势的研究对象；④可归类为外来者劣势的研究视角。

资料来源：张宇婷，孙换. 外来者劣势研究脉络与展望：基于 CiteSpace 的分析［J］. 科技进步与对策，2021，（1）。

综合分析表 2-1 的内容可知：第一，从热点词汇看，国外的研究主要集中于 Foreignness (0.10)、Innovation (0.10)、Liability (0.09)、Performance (0.08)、Network (0.08) 和 Legitimacy (0.08) 等关键词,而国内的研究主要集中于对外直接投资 (0.37)、创新绩效 (0.35)、跨国并购 (0.32) 和制度距离 (0.28) 等关键词。第二,从中心性看,国外研究中 Foreignness 和 Innovation 的中心性最高,国内研究中对外直接投资、创新绩效和跨国并购等关键词的中心性较高。第三,从研究范围看,国外的研究相对均衡,几乎涵盖了外来者劣势研究中的所有①、②、③、④四个方面,相对而言更加系统一些。而国内研究则比较集中于某些方面,比如,紧密围绕外来者劣势研究中的②展开,其他方面的研究相对薄弱。第四,从时间跨度看,国外研究中关键词首次出现的时间集中在 2008 ~ 2010 年,国内研究中关键词首次出现的时间则集中于 2011 年之后。因此,可以认为,无论在研究广度还是研究深度上,外来者劣势的国内研究均落后于国际水平,研究起步晚,更有待于广大学者们的加入,并致力于更深层次的探究,为国内研究贡献更多的思想与内容。

二、关键词聚类分析

在 CiteSpace 分析中,可以根据聚类清晰度、聚类模块值 (Q 值) 以及平均轮廓值 (S 值) 来进行相应的聚类效果评价。当聚类模块值 Q 大于 0.3 时,可以认为划分的网络结构显著;当平均轮廓值 S 大于 0.5 时,表明聚类合理。基于此,本书分别对国外文献和国内文献的关键词进行相应的聚类分析后,共识别得到 8 个聚类,如表 2 - 2 所示。

其中,国外文献聚类的 Q 值为 0.3014,国内文献聚类的 Q 值为 0.5363,均大于 0.3。国外文献聚类的 S 值为 0.6246,国内文献聚类的 S 值为 0.6155,均大于 0.5,说明聚类合理有效。同时,就聚类规模而言,国外文献的平均聚类规模为 22,国内文献的平均聚类规模为 15,意味着国内研究关键词之间的组合较为简单,联结较为松散。并且国外的聚类年份为 2012 ~ 2015 年,国内的聚类年份集中于 2015 ~ 2019 年,再次表明国内研究起步较晚,且多是对于国外相对成熟的领域进行的借鉴与分析。

表2—2　外来者劣势相关研究的关键词聚类分析表

编号	国外研究			国内研究		
	轮廓值	聚类名称	主要关键词	轮廓值	聚类名称	主要关键词
#0	0.66	Institutional logics	previous experience② FDI③④ information diversity② MNEs③ normative legitimacy① model② survivability①④ networks④ institutional theory⑤	0.76	外来者劣势	信息不对称①④ BRI①④ 组织学习②⑤ 企业社会责任② 政治风险② 海外子公司③ 中国跨国公司③ 企业并购②
#1	0.66	Alliances and joint ventures	business networks②④ MNEs③ establishment mode② social networks②⑤ network theory⑤ absorptive capacity②③⑤ firm ownership② embeddedness①④⑤	0.85	创新绩效	吸收能力① 投资速度② 研发国际化② fsQCA⑥ 知识基础② 投资动机②⑤ 度学习② 国有股权比例② 跨国技术并购②
#2	0.66	Emerging economy multinationals	FDI③④ network approach② market entry barriers① political relationships② state-owned enterprises③④ location choice⑤	0.90	一带一路	双边投资协定② 区位选择② 制度质量② 文化差异①② 对外直接投资③④ 五通指数② 社会关系网络②④
#3	0.68	Spain	liability of localness① institutional environment①② China③ emerging economy③④ transaction cost theory⑤	0.82	跨国并购	生存分析⑥ 贸易摩擦② PSM-DID⑥ 国际经验② 合法性① 企业异质② GMM⑥ 战略资源② 企业所有制②
#4	0.82	Business and the environment	sustainability④⑤ liability of newness① network heritage② social embeddedness⑤ CSR② informal social network② state-owned③	0.93	国际多元化	企业绩效①② 知识资本② 国有企业② 对外直接投资③④ 进入模式② 新兴市场② 高管海外经历② 国际化速度②
#5	0.71	Catch-up	liability of country foreignness① resource based view①② learning advantages of newness①② liability of regional foreignness①	0.55	制度距离	文化距离①② 合资② 引力模型⑥ 发展中国家③ 国际经验② 组织合法性① 跨国公司③ 地理距离①②

续表

编号	国外研究			国内研究		
	轮廓值	聚类名称	主要关键词	轮廓值	聚类名称	主要关键词
#6	0.75	CSR	fsQCA⑥ greenland② bonding theory⑤ multiple regression analysis①② environmental⑥	0.92	企业国际化	国际化绩效①② 新兴经济体③ 数字技术② 社会资本②⑤ 企业家精神② 国际化战略② 探索国际化①②
#7	0.69	Export	business network② cross-border② knowledge spillover② global leadership④ born global③ resource-based theory⑤	0.89	绩效	制度理论⑤ 外资企业③ 进入方式② 市场导向② PPML⑥ 多维距离①②

注：①~④的归类同表2-1；⑤可归类为外来者劣势的理论基础；⑥可归类为外来者劣势的研究方法。

资料来源：作者手工整理。

由表 2-2 的分析结果可知，国外研究中，可归类为外来者劣势影响因素和克服策略②的主要关键词大约有 21 个，位列第一；可归类为外来者劣势理论基础⑤的主要关键词大约有 11 个，位列第二，可以认为国外学者重点集中于有关影响因素和克服策略以及理论基础的探讨。国内研究中，可归类为外来者劣势影响因素和克服策略②的主要关键词大约有 37 个，位列第一；可归类为外来者劣势界定与测量①的主要关键词大约有 9 个，位列第二，可以认为国内学者重点集中于有关影响因素和克服策略以及界定与测量的剖析。

结合前面的研究热点分析，本书归纳总结了外来者劣势的研究脉络和研究内容，见图 2-2。其中，外来者劣势的理论基础和测量方法是基础，上下四个虚线框是分别从企业层面、国家层面、区域层面以及个人层面总结的影响因素，左右两列是从不同角度归纳的外来者劣势的克服策略。因此，本书基于上述主要问题展开相应的文献综述。

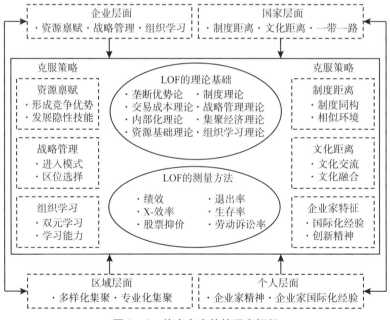

图 2-2　外来者劣势的研究框架

第二节　外来者劣势的理论基础

　　海默（1976）在讨论垄断优势时指出，跨国公司在海外经营过程中，常常需要支付一些额外的成本，并将这些成本统称为"海外经营成本（Cost of Doing Business Abroad）"。垄断优势理论认为，只有具备垄断优势（市场、生产或规模等）的跨国公司，才能在不完全竞争市场中生存下去（Hymer，1960），获得正常的营业利润。当然，在分析过程中也不可避免地涉及交易成本问题，跨国公司的国际化决策通常是基于国际化成本和收益的综合考量之后进行的，随着母国与东道国之间经济距离、文化距离以及制度距离的增加，企业在东道国经营时产生的成本也会随之增加（Asmussen，2009；Johanson and Vahlne，2009）。在海默（1976）的研究基础上，查希尔（1995）将子公司在东道国运营时面临的由于两国之间的制度、文化以及商业惯例等方面的差异而产生的难以在东道国市场生存的现象归因于"外来者劣势"，并通过纽约和东京证券交易所的数据首次验证了外来者劣势的存在，指出外来者劣势是许多跨国公司普遍需要面对且迫切需要解决的重要问题，特别是在国际化初期。

　　自查希尔（1995）提出外来者劣势的概念之后，一些学者开始尝试从不同理论视角剖析外来者劣势的相关问题，主要包括垄断优势论（Hymer，1960）、资源基础观（Hennart，1982；Zaheer，1995；Sethi and Guisinger，2002）、制度理论（Rosenzweig and Singh，1991；Kostova and Zaheer，1999；Kaise and Sofka，2006；吴晓云和陈怀超，2013）、战略管理理论（Eden and Miller，2004；Chen et al.，2006；Klossek et al.，2012）、组织学习理论（Petersen and Pedersen，2002；Zhou et al.，2010；杜晓君和蔡灵莎，2016）、社会化网络理论（Andersson and Forsgren，1996；Luo et al.，2002；Ciabuschi et al.，2014）以及集聚经济理论（Qian et al.，2013；张宇婷等，2016）等。

一、资源基础观

在有关外来者劣势的研究中，早期的理论基础主要集中于垄断优势理论、资源基础观以及制度理论等。作为最早讨论对外直接投资的理论，垄断优势论认为市场不完全是跨国公司对外直接投资的主要动机。在同一行业中，企业异质性导致不同企业的经营能力有所差异，当企业拥有生产某一产品的优势时，就会尽最大可能将其发挥到极致，产生由于市场不完全导致的垄断或寡占现象。而这些垄断优势也可以在对外直接投资过程中，通过商标、专利技术、营销技巧、管理技能等方式消除进入东道国市场时可能面临的障碍。

资源基础观（Resource-Based View，RBV）认为，企业所拥有的各种不同的有形资源与无形资源可以转换为企业独特的能力，这些独特的资源和能力构成了企业持久竞争优势的来源（Barney，1991）。依托资源基础观解释外来者劣势，认为子公司凭借其特有资源或嵌入母公司的组织实践，构筑可持续的竞争力和竞争优势（特别是在同质化产品市场竞争时），进而可以有效地克服外来者劣势。在早期分析来自发达国家跨国公司的国际化问题时，由于这些企业在技术、能力等方面具备优势，因此，在国际化过程中常常能够有效地克服外来者劣势的消极影响，从而成功实现国际化（Hennart，1982；Zaheer，1995；Sethi and Guisinger，2002）。当跨国公司难以向东道国转移这些优势资源，或者子公司无法在东道国获取互补性资源的时候，就会面临较大的外来者劣势（Cuervo-Cazurra et al.，2007）。查希尔（1995）认为相较于模仿当地企业的组织实践，子公司凭借自身的特有优势（技术、品牌、规模等）能够更有效地克服外来者劣势。于和金（Yu and Kim，2013）发现，在亚洲商业环境下，资源基础观中强调的转移或开发企业特有优势存在一定的难度。罗和谭（Luo and Tan，1998）指出，为了能够在新兴市场中更好地与当地企业展开竞争，子公司可以考虑基于企业独特竞争优势、风险识别能力以及战略目标来构建企业特有优势，进而克服外来者劣势。

二、制度理论

随着越来越多被认为不具有"先天"优势的来自发展中国家的跨国公司走出国门，走向国际市场，资源基础观的解释力开始受到质疑（张宇婷和王增涛，2015），但制度理论（Institutional Theory）的出现，有助于学者们对这一现象的解释。制度理论认为，即便是在不具备所有权等优势的情况下，来自发展中国家的跨国公司也可以尝试通过进入与母国制度距离相近的东道国开展国际化经营，因为母国与东道国之间的制度距离越小，跨国公司越能够尽快地适应东道国的营商环境（Rosenzweig and Singh，1991；Kostova and Zaheer，1999；Kaise and Sofka，2006；吴晓云和陈怀超，2013），从而开展相应的经营活动。依托制度理论，学者们分别基于合法性构建、建立当地响应等多方面剖析了外来者劣势的克服问题。具体包括：

从合法性构建角度，由于合法性是外部利益相关者根据既定制度中的法律、规则以及价值观等判断组织活动的适当性、恰当性和合意性的认识或构想（蔡灵莎，2020），当一个组织及其行为能够得到广泛认可的时候，也就意味着该组织取得了合法性。但在国际商务活动中，由于各个国家之间的法律完善程度以及意识形态等方面存在较大差异，跨国企业在海外经营过程中遇到合法性缺失问题并不少见。东道国和母国制度差异大，面对发达经济体较为苛刻的准入条件，来自新兴经济体的跨国企业一般难以满足其要求，因而遭遇歧视性对待，得不到利益相关者的认可，无法获得合法性。此外，长期协同发展中东道国利益相关者对本地企业行为的认同程度较高，对外来企业在认知上会出现偏差。科斯托瓦和查希尔（Kostova and Zaheer，1999）认为，面对复杂的制度环境，跨国公司只有通过不断调整自身去适应当地环境，进而建立合法性，才能最终在东道国市场生存下来。艾登和米勒（Eden and Miller，2004）指出由于母国与东道国在认知和标准等方面存在差异，跨国公司可以通过构建与当地企业的合作伙伴关系获得合法性，从而克服可能遭遇的外来者劣势。凯斯和索夫卡（Kaise and Sofka，2006）的研究发现，当消费者的经验不足时，缺乏合法性是导致外来者劣势的主要原因；随着消费者的经验日益增加，缺乏响应就变成了主要障碍，因此，跨国公司可以根据自身的实际情况予以判断并采取相应的应对策略。贺铟璇和单作为（2021）以 2011～2019 年沪深两市 A 股上市公司为样本，通过比较境内外发行债券的风险溢价问题，讨论了外来者劣势的相关问题。研究表明：中国的上市公司在境外发债时面临外来者劣势，需要提供更高的风险溢价，因此需要充分考虑制度因素、文化因素、企业性质以及行业特征等要素来降低外来者劣势。制度距离与经济距离的存在可能会增强外来者劣势，文化距离会减弱外来者劣势的影响。谢佩洪和陈怡霏（2022）基于合法性视角，以 2004～2017 年开展 FDI 的 111 家中国的跨国公司为样本，剖析子公司在东道国面临的来源国劣势和外来者劣势及其对企业绩效的影响，研究发现，母国与东道国之间的地理距离越远，子公司的不熟悉成本越高，信息缺失程度越大，进而增加了跨国经营的额外成本。

从建立当地响应看，全球整合与当地响应范式在跨国公司的国际化运营领域长期以来占据重要位置，描述了跨国公司进行国际化扩张过程中面对外部环境的压力所可能采取的行动。其中，当地响应更多强调跨国公司根据东道国当地政府规制、市场需求以及面临的竞争环境等因素，而采取或组织的在全球范围内的经营管理活动。一般情况下，建立当地响应强调，通过改变企业的产品或服务来增加企业的利润，跨国公司通过提供与东道国消费者兴趣与偏好相匹配的产品来获得认可。陈等（Chen et al.，2006）通过分析 3 家台资企业进入欧洲市场的案例，强调了建立当地响应的重要性，并指出当企业缺乏特有优势时，可以通过到与自身制度差异较小的国家投资并尽快建立当地响应来克服外来者劣势。巴斯等（Bas et al.，2007）也通过采访四家韩国跨国公司中的荷兰和韩国管理者后发现，实现本地化是克服外来者劣势的主要方式。

总之，制度视角的研究在很大程度上弥补了资源基础观的不足，有助于解释来自发展中国家的跨国公司的国际化以及面临的外来者劣势问题。在此过程中，学者们的研究逐渐关注如何将两者结合起来分析外来者劣势问题，或者是比较两者中哪一个更适合解释外来者劣势问题。比如罗等（2002）通过对 92 家在华跨国子公司的高级财务管理者的调查问卷，发现契约保护和构建当地网络均有助于子公司克服外来者劣势，两者并不矛盾，相辅相成。前者通过保护投资资源、减少合作成本以及削弱运营风险等方式来实现；后者通过提升组织合法性、增加当地适应性与联系等方式来克服。阿图乌拉和汉格（Ataullah and Hang，2004）通过分析印度和巴基斯坦的银行业面临的外来者劣势，认为歧视性政策导致外国银行面临资源利用劣势，但金融自由化所导致的竞争和市场导向型部门的出现，却有助于外国银行克服外来者劣势。

三、拓展的理论基础

随着研究的不断深入以及研究对象的日益丰富，学者们逐渐尝试基于战略管理理论、组织学习理论、社会网络理论以及集聚经济理论等多个视角展开相应的分析。

战略管理理论强调跨国公司通过运用不同的战略，选择不同的进入模式和东道国市场等渠道来降低外来者劣势（Eden and Miller，2004；Chen et al.，2006；Klossek et al.，2012）。陈等（2006）整合外来者劣势与市场进入战略，分析了在华投资的外资企业，发现来自低外来者劣势国家的跨国公司多采用资源寻求型战略，而来自高外来者劣势国家的跨国公司偏好市场寻求型战略以及控制导向型战略。艾登和米勒（2001）认为，选择合适的进入模式能够在一定程度上减少外来者劣势的负面影响。克洛塞克（Klossek et al.，2012）通过对在德国的 7 家中国跨国公司的案例研究发现，进入模式选择对其进入东道国后的外来者劣势具有重要的影响。巴纳德（Barnard，2010）认为来自新兴市场的跨国公司进入优秀的东道国时，能够获得更好的技术工人与供应商，有助于形成超越自我的能力，从而更有效地克服外来者劣势的影响。

组织学习理论根据学习类型将企业的学习行为划分为利用式学习和探索式学习，前者将企业的学习行为视作对企业既有知识库的不断利用，后者则被认为是一种搜寻新知识的过程。无论哪种学习方式，都可以在很大程度上提升企业的竞争优势，使得子公司不断通过累积的知识，在国际化进程中适应东道国环境，降低可能面临的外来者劣势。彼特森和彼得森（Petersen and Pedersen，2002）按照学习阶段的不同，将组织学习活动分为进入前学习、进入后学习以及进入后不学习，认为进入前学习可以有效降低不熟悉风险的影响，面临的外来者劣势较小，而进入后学习对外来者劣势的影响还要受其他因素的综合影响。杜晓君和蔡灵莎（2016）基于组织学习理论，选取102起中国上市公司对外直接投资事件作为样本，经过分析后发现利用式学习能够促进既有知识的跨边界传递，而探索式学习在降低外来者劣势上具备长期的相对优势。蔡灵莎等（2022）基于双元学习视角，以181家中国上市公司的1051次国际直接投资事件为样本，分析了双元学习对外来者劣势的影响，认为组织学习在利用和探索上的双元均衡负向影响着外来者劣势，两者对于降低外来者劣势的影响机理和时效存在互补作用，利用式学习通过利用和拓展组织已有的经验知识，削弱国际直接投资过程中的不熟悉危害，能够在短期内降低外来者劣势；而探索式学习则重点关注对于东道国市场知识的获取，从而降低关系型危害和歧视性危害，通过各类知识的协同效应克服中长期发展中的外来者劣势问题。另外，行业知识密集度弱化了双元均衡与外来者劣势之间的负向关系。

近几年，越来越多的学者认为，抛开跨国公司具备的"先天"优势以及外部相对有利的竞争环境，发展中国家的跨国公司为顺利开展国际化经营活动，可以更多关注强调提升企业自身能力的社会网络理论。由于缺乏对东道国本土网络的嵌入（Mezias，2002；Johanson and Vahlne，2009；Kim et al.，2019），为进一步弱化外来者劣势可能带来的消极影响，跨国公司可以尝试加强与东道国利益相关者的联系，不断构建本土关系网络或海外关系网络，提升子公司在东道国的经营效率和经营绩效，进而弱化外来者劣势（Rangan and Drummond，2004；Ciabuschi et al.，2014；Li et al.，2008；Guo et al.，2018）。同时，约翰逊和瓦恩（Johanson and Vahlne，2009）在总结已有研究的基础上，认为基于网络关系视角，将外来者劣势进一步拓展为外部人劣势更有助于企业国际化的相关研究。

当讨论一国内地区间存在差异的东道国的情况时，钱等（Qian et al.，2013）将外来者劣势分为国家外来者劣势和区域外来者劣势，并以167家加拿大的企业为例，讨论了两者对于地理多样性和企业绩效的影响，研究认为区域外来者劣势与区域间多样化正相关，国家外来者劣势调节着区域外来者劣势与区域间多样化之间的关系。张宇婷等（2016）基于集聚经济理论，结合500家在华外国子公司的数据，实证检验了地区经济集聚对外来者劣势的影响后发现，地区专业化集聚对外来者劣势的影响是倒"U"型的，地区多样化集聚与外来者劣势负相关，并指出对于许多像中国这样地区经济发展不平衡的东道国而言，外来者劣势在其不同地区之间也是不同的。

第三节　外来者劣势的测量

测量指标的选择是外来者劣势研究的重点，也是该研究的难点。早期在验证金融服务业中的外来者劣势问题时，学者们多选取绩效作为衡量指标。随着研究样本逐渐扩展到制造业和其他服务业，也不断涌现出一些新的衡量指标，比如退出率（Zaheer and Mosakowski，1997）、X-效率（Miller and Parkhe，2002；Miller and Richards，2002）、劳工诉讼率（Mezias，2002）等。研究样本进一步扩大到大多数行业后，外来者劣势的测量指标更是日益多样化，出现了诸如学习能力（Petersen and Pedersen，2006）、组织吸引力（Newburry et al.，2006）、交易量（Lu and Hwang，2010）、知识溢出程度（Schmidt and Sofka，2009）、移民身份的取得（Fang et al.，2012）等。本书对既有文献进行了相应的梳理，并将结果汇总至表2－3。通过梳理后发现，现有的外来者劣势的测量方式大致可以分为两类：一类是采用直接指标进行测量；另一类是选取间接代理指标进行测量。

表2-3 外来者劣势衡量的主要文献汇总

作者	母国	东道国（地区）	分析样本	数据来源	衡量指标	涉及行业
查希尔（1995年）	美国、日本	美国、日本	28个交易室（13个纽约、15个东京）共198份有效问卷	问卷	利润率	外汇
米勒和理查兹（2002年）	不限	欧盟九国	957家（700家东道国和257家外国）银行	Fitch-IBCA BankScope数据库	X-效率	银行业
米勒和帕克赫（2002年）	不限	13个东道国	1300家银行（428家是外资）	Fitch-IBCA BankScope数据库	X-效率	银行业
纳租姆（2003年）	不限	英国	296家外国企业	Fame-DVD等数据库	ROCI/ROCe	金融服务业
埃兰戈（2009年）	不限	美国	3861家在美（3789家国内和51家国外）企业	NAIC；Best's Rating guide	ROA	保险业
纳租姆（2010年）	不限	英国	765家英国企业和490家外企	Fame–DVD数据库	ROA	金融服务业
库蒂那（2012年）	不限	美国、欧盟、日本、中国、香港、韩国、新加坡	1998~2008年来自260家公司的1253个样本	OSIRSI数据库	ROA；ROS	大多数产业
拜克等（2013年）	不限	美国	1990年4月至2007年12月215123个企业季度数据	CRSP；COMPUSTAT数据库	回报预期能力	股票市场
查希尔和莫萨科夫斯基（1997年）	不限	47个国家	1974~1993年47个国家的2667家交易室	Foreign Exchange and Bullion Dealers Directory	退出率	外汇
克伦伯格和汤姆森（2009年）	不限	丹麦	1895~2005年相同产业和规模的配对企业	Thomsen（2000）	退出率	制造业
马塔和弗雷塔斯（2012年）	不限	葡萄牙	2006~2007年运营在葡萄牙的大多数企业	Bureau van Dijk数据库	退出率	大多数行业

续表

作者	母国	东道国（地区）	分析样本	数据来源	衡量指标	涉及行业
罗和谭（1998年）	不限	新兴市场国家	56份有效问卷	问卷	环境变化	电子产业
彼特森和彼得森（2002年）	不限	瑞典、丹麦、新西兰	494家国际化企业	邮件调查	学习能力	不限
梅齐亚斯（2002年）	英国、德国、日本	美国	486家英国、德国、日本企业与486家美国企业配对；176份有效问卷	问卷	劳工诉讼率	服务业 制造业
索夫卡（2006年）	不限	德国	2000~2002年4500家	ZEW的调查；OECD	创新活动是否经历障碍	制造业 服务业
纽伯里等（2006年）	不限	美国	60家公司的4605名员工	问卷	组织吸引力	20个产业
凯斯和索夫卡（2006年）	不限	德国	1233个汽车车型号	KBA	虚拟变量	汽车销售
陈等（2006年）	不限	中国	1979~1992年间3085家制造业Si-no-foreign数据	Statement of Sino-foreign joint ventures	概念性表述	制造业
布尼亚拉塔维等（2007年）	美国	不限	美国离岸服务业数据	UNCTAD（2004）	扩张项目的数量	离岸服务业
斯密特和索夫卡（2009年）	不限	德国	2000~2002年4500家制造和服务业企业	问卷调查；European Patent Office；OECD数据库	知识溢出	制造业 服务业
巴纳德（2010年）	发展中国家	美国	53份有效问卷	邮件调查	优秀中心	大多数行业

续表

作者	母国	东道国（地区）	分析样本	数据来源	衡量指标	涉及行业
卢和黄（2010年）	不限	新加坡	34份有效问卷	问卷；EDB；AVCJ	成交量	风投市场
方等（2012年）	不限	加拿大	23776有效问卷	WES（2005）调查	是否获移民身份	部分行业
蔡灵莎等（2015年）	中国	不限	2005~2011年开展OFDI的138个中国A股上市企业	东方财富网，同花顺数据库，谷歌地球，经济自由指数，全球竞争力报告，企业官网，联合国家账户	信息不对称合法性缺失	不限
杜晓君等（2016年）	中国	不限	102起中国上市公司对外直接投资事件	Wind数据库	投资绩效	制造业
杜晓君和蔡灵莎（2016年）	中国	不限	102起中国上市公司对外直接投资事件	Wind数据库	投资绩效	制造业
杜晓君等（2016年）	中国	不限	2005~2013年在海外上市的145家中国公司	Wind数据库等	IPO抑价	大多数行业
乔达和吴（Joardar and Wu，2017年）	不限	美国	542位企业家	Zoomerang和Study Response在线数据收集	企业家的国籍	不限
陈健等（2017年）		不限	2011~2015年756家海归创业企业和6078家本土创业企业	北京中关村科技园数据库	销售收入等	高技术企业
牟宇鹏等（2017年）	中国	不限	124份有效问卷	问卷	不熟悉等障碍	制造业银行业
黄胜（2017年）	不限	中国	322份有效问卷	问卷	李克特量表	国际新创企业

续表

作者	母国	东道国（地区）	分析样本	数据来源	衡量指标	涉及行业
冯德连等（2018年）	中国	45个"一带一路"国家	2003~2015年中国对45个"一带一路"国家直接投资的585个样本数据	《中国对外直接投资统计公报》等二手数据	地理、经济、制度和文化距离	不限
王雯和杨蓉（2018年）	中国	不限	2010~2016年A股制造业上市公司	Wind、CSMAR数据库		制造业
"纽文汉姆-卡汉蒂"（Newenham-Kahindi et al.，2018年）	不限	非洲	撒哈拉以南非洲八家外国矿业跨国公司	半结构化访谈、观察和档案数据		矿业
朱华（2018年）	中国	不限	2005~2014年中国企业海外并购的626个交易案	《中国全球投资追踪》报告	并购交易成败	技术行业 能源行业
戈麦斯等（Gomes et al.，2018年）	不限	巴西	四家外国品牌零售商	半结构化访谈		零售业
袁柳（2019年）	中国	不限	2006~2015年中国上市企业共840家，涉及1740条投资决策	《境外投资企业（机构）名录》BvD、WGI、霍夫斯泰德中心数据库	管制、规范和认知距离	不限
科萨特等（Caussat et al.，2019年）	法国	印度	印度的三家法国外国银行子公司	Documentation、Archives		银行业
王进猛等（2020年）	53个国家	中国	2005~2014年来自53个国家和地区7257家外资企业的面板数据	江苏省税务局税收征管系统数据库、CEPII数据库、Global Competitiveness Index等	文化距离	制造业

续表

作者	母国	东道国（地区）	分析样本	数据来源	衡量指标	涉及行业
李梅等（2020年）	中国	不限	2008～2015年的152家企业所完成的197起海外并购事件	Zephyr全球并购交易分析库及Wind经济数据库	合法性缺失信息不对称	
祝继高等（2021年）	中国	柬埔寨	柬埔寨泰文隆水泥有限公司	半结构化访谈、官方网站和媒体		建筑业
张和蒋（2021年）	中国	23个国家	43家分支机构2012～2018年的数据	Bureau van Dijk数据库	绩效的比值	银行业

资料来源：作者根据相关文献整理。

一、直接测量指标

现有文献中外来者劣势的直接测量指标主要包括企业绩效、X-效率、退出率、劳工诉讼率以及股票抑价等。其中，采用绩效和退出率衡量的文献相对占比较大。

（一）绩效

采用绩效指标测量外来者劣势的文献多集中于早期对金融服务业的分析中。查希尔（1995）通过配对 1979～1991 年纽约和东京外汇交易室的数据，采用外国企业与当地企业之间的利润差异测量外来者劣势，不仅证明了外来者劣势的存在，还进一步剖析了外来者劣势的构成要素，认为就跨国公司整体而言，外来者劣势主要包括空间距离成本、企业特有成本、母国环境成本以及东道国环境成本四个方面。

纳祖姆（2003）采用外来企业与英国企业的资本报酬率之比（ROC_f/ROC_b）测量外来者的相对绩效，发现英国的金融政策包容性很强，因此伦敦的金融服务业中并不存在所谓的外来者劣势。纳祖姆（2010）采用资产收益率（ROA）测量绩效，认为外国企业是否面临外来者劣势主要取决于企业成本与优势的比较，当其拥有的优势难以平衡其面临的成本时，就会不可避免地遭遇外来者劣势。张宇婷等（2017）利用外来企业与当地龙头企业平均绩效的比值测量外来者劣势。

米勒和帕克赫（2002）以及米勒和理查兹（2002）分别以全球银行业和欧盟九国的银行业企业为样本，选取跨国银行与东道国银行的 X-效率比值测量外来者劣势，发现外国企业的绩效的确低于东道国当地企业。张宇婷和王增涛（2015）以银行业为样本，运用 DEA 分析法，采用 X-效率测量外来者劣势，指出在华外资银行的 X-效率低于国内银行，因而存在外来者劣势。

埃兰戈（Elango，2009）以在美国运营的 3861 家保险企业为样本，选取资产收益率（ROA）测量外来者劣势，研究发现外国企业的平均绩效确实低于东道国当地企业，因而外国企业面临外来者劣势。

库蒂那（Kudina，2012）以欧盟、美国、日本、韩国、新加坡以及中国香港的 260 家公司 1998～2008 年 1253 个样本，分别采用资产收益率（ROA）和销售回报率（ROS）衡量外来者劣势，指出外来者劣势是企业在国内外运营时绩效差异的主要原因。

拜克（Baik，2013）分析了美国股票市场中的外国机构投资者行为，认为由于外国机构投资者的收益预期能力较低，因而面临外来者劣势。而且来自外来者劣势程度较高的国家的投资者倾向于信息不对称程度低的股票；如果其来源国与美国的制度距离和文化差异较大时，外国机构投资者与预期收益之间的负相关关系表现的愈加明显。

张和蒋（Zhang and Jiang，2021）以中国四大国有银行在 23 个东道国的 43 家分支机构 2012～2018 年的数据，讨论企业社会责任及其细分维度对外来者劣势的影响时，选用样本银行与当地主要银行平均绩效的比值衡量外来者劣势，认为子公司履行社会责任，特别是技术性社会责任，有助于降低外来者劣势。

总之，外来者劣势的测量问题仍然是一个难点，核心的问题可能在于外国子公司数据的获取较为困难。按照查希尔（1995）对于外来者劣势的界定，一方面，要注意"外来者"的界定，一定是相对于东道国当地企业的。另一方面，要注意对"劣势"的理解，所谓优劣，应该是与当地企业比较之后的结果，可以是两者的比值形式，也可以是两者的差值形式。

（二）退出率

虽然已有不少学者研究了跨国公司的生存问题，但在涉及外国子公司的退出原因时，却很少提及外来者劣势。查希尔和莫萨科夫斯基（Zaheer and Mosakowski，1997）将外国子公司的退出与外来者劣势相关联，并采用 1974～1993 年 47 个国家的外汇交易室的数据，剖析了外国企业的退出率。研究发现，相较于国内企业，外国企业的退出率较高，尤其是第一年，外国企业面临着较大的外来者劣势。当然，克伦伯格和汤姆森（2009）认为查希尔和莫萨科夫斯基（1997）的研究是一个理想化的样本，并通过验证在丹麦的外国子公司的退出率，发现国内企业的退出率高于外国子公司，外国子公司并不面临外来者劣势。马塔和弗雷塔斯（2012）认为外来者劣势的存在的确会引起外国企业更高的退出率，但这种退出会随着企业年龄的增长而逐渐降低，子公司早期的退出与外来者劣势存在一定的相关性，后期的退出却并非外来者劣势造成的。亨那特等（Hennart et al.，2002）调查了经营在美国的 32 家日本制造业子公司的退出率后指出，有的外国子公司的退出与外来者劣势无关，可能是其自身对东道国市场的盲目预期造成的，简单地采用退出率来测量外来者劣势会存在一定的局限。

总之，基于退出率指标衡量的外来者劣势可以在一定程度上解释外国子公司在东道国市场遇到的境况，但相关文献比较早期，在日后的研究中也期望有更多的学者加入进来，进一步丰富外来者劣势的研究体系。

（三）其他

梅齐亚斯（Mezias，2002）通过将 486 家英国、德国以及日本的企业与 486 家美国企业配对后，采用跨国企业与东道国企业劳工诉讼率之比测量外来者劣势，研究发现这些企业在美国均面临较高的劳工诉讼问题，存在外来者劣势。

彼特森和彼得森（2002）分析运营在瑞典、丹麦和新西兰的 494 家国际化企业时，选取学习能力衡量外来者劣势，认为进入市场前的学习更有助于克服外来者劣势，外来者劣势会随时间逐渐降低。

索夫卡（2006）分析了 2000～2002 年在德国的 4500 家企业的外来者劣势问题，并采用虚拟变量（创新活动是否经历障碍）作为衡量指标，研究发现在项目动员阶段，外来者劣势并未对上述企业造成影响。

纽伯里等（Newburry et al.，2006）采用组织吸引力衡量外来者劣势，样本为在美国的 60 家公司的约 4600 名员工，发现外来者也并非总是劣势，有时反而对员工更具吸引力。

布尼亚拉塔维等（Bunyaratavej et al.，2007）结合美国离岸服务业的数据，以项目扩张数量衡量外来者劣势，认为母国与东道国环境相似时，面临的外来者劣势较低。

斯密特和索夫卡（Schmidt and Sofka，2009）采用知识溢出程度衡量外来者劣势，并以2000~2002年在德国运营的4500家企业为样本进行实证检验，结果证实了外来者劣势的存在，尤其是当东道国消费者是主要竞争者时。

巴纳德（Barnard，2010）采用优秀中心（excellent central）数量衡量外来者劣势，讨论了在美国的大多数行业的外来者劣势问题，认为知识获取可以在一定程度上克服外来者劣势。

卢和黄（Lu and Hwang，2010）讨论新加坡的风险投资市场中外来者劣势问题时，采用成交量进行衡量，研究发现当地的专业化知识和对网络的过度依赖会引致外来者劣势。

方等（Fang et al.，2012）采用能否取得移民身份衡量外来者劣势，认为应聘者如果通过社会网络或招聘代理找工作，则会面临外来者劣势，但如果通过报纸或互联网找工作时，则不会面临外来者劣势。

杜晓君等（2016）在讨论股票市场的外来者劣势问题时，采用公司上市首日收盘价与发行价的差额在发行价中的占比测量外来者劣势。

二、选取代理变量进行间接测量

选取代理变量测量外来者劣势的研究通常是在其概念界定基础上展开的，认为外来者劣势是由于母国与东道国之间在各种维度上的距离产生的。既有研究大致可以分为两类代理变量，即合法性缺失和信息不对称。

采用合法性缺失作为外来者劣势代理变量的研究中，埃兰戈（2009）进一步将合法性缺失分为规制合法性缺失、规范合法性缺失以及认知合法性缺失，并采用三者的均值作为合法性缺失的衡量指标，来测量外来者劣势。巴苏（Basu，2011）和杜晓君等（2014）将合法性缺失分为法制距离、腐败距离以及文化距离三个方面，采用三者均值衡量合法性缺失。蔡灵莎等（2015）从外来者劣势的前因变量入手，基于信息不对称与合法性缺失构建外来者劣势的指标体系，并选取制度距离测量合法性缺失。

采用信息不对称作为外来者劣势代理变量的研究中，巴苏（2011）、杜晓君等（2014）、阎大颖（2011）以及蔡灵莎等（2015）均选取了地理距离测量信息不对称。

除此之外，还有学者采用其他代理变量测量外来者劣势。比如，艾登和米勒（2004）将外来者劣势具体划分为不熟悉风险、歧视性风险和关系性风险，认为外来者劣势强调企业海外经营过程中面临的社会化成本。牟宇鹏等（2017）在讨论企业国际化进程中外来者劣势的形成机理以及相应的国际化战略时，将不熟悉风险、歧视性风险以及关系性风险作为工具变量，衡量外来者劣势。朱华（2018）根据表现形式的不同，将外来者劣势分为显性外来者劣势和隐性外来者劣势，认为国有企业身份、敏感性战略产业的并购以及金额较大的并购均可视为显性外来者劣势，而文化距离、东道国法律体系质量、东道国经济制度质量等可视为隐性外来者劣势。

综合以上分析可以看出，就已有文献而言，国外文献多采用直接指标测量，国内文献多采用间接指标测量。事实上，外来者劣势的测量也是学者们一直尝试解决的一个问题。按照查希尔（1995）最早对外来者劣势的界定，认为相较于当地企业，外国子公司在国际化经营过程中所额外支付的成本，主要包括空间距离成本、母国环境成本、东道国环境成本以及企业特有成本四个方面。这就涉及两个问题：一个问题是外来者身份的确定。所谓外来者，是相对于既有在位企业而言的，因此在企业国际化的相关研究中，那些跨越国界进入东道国市场的子公司可以被视为外来者。当然，随着研究的深化，这一界限也可能是更大范围的区域层面或一国内地区间的，还有可能是某一社会化网络层面的（Johanson and Vahlne，2009），需要结合不同的研究背景和研究对象进行分析。另一个问题是优劣衡量参考点的确定。查希尔（1995）的研究中非常明确，劣势是相对于当地企业而言的，因此，从前面的分析可知，国外研究相对更严谨，在采用直接指标衡量外来者劣势时，无论是比值还是差值，均进行了国外企业和当地企业的比较。或许是囿于数据获取的难度，采用间接指标衡量外来者劣势的相关文献中，学者们比较的是母国与东道国之间在各个不同维度上的差异，但无论是哪一个维度，最多的是国家层面的比较，并未将企业异质性考虑其中，这对于外来者劣势的衡量来说可能并不理想。当然，这可能与子公司数据难以获取有关，但近几年广受欢迎的 BvD 数据库，凭借其庞大的数据资源，在很大程度上为解决数据获取问题提供了帮助，未来可以不断深入挖掘其中的资源，从而更好地解决外来者劣势的测量和指标选取问题。

第四节　外来者劣势的影响因素

影响因素的讨论是外来者劣势研究体系的重点之一。只有明确了主要的影响因素，才能够有针对性地制定相应的克服策略。结合外来者劣势的研究演进规律，学者们主要从企业层面、国家层面、个人层面以及区域层面进行了相应的分析，归纳总结了相应的影响因素。

一、企业层面的影响因素

企业层面的影响因素分析主要基于企业特性或能力、所拥有的资源禀赋以及可能采取的战略选择等几个方面展开。其中，企业所拥有的能力或资源禀赋可以被视为跨国公司的资源优势，能够有效地抵消部分外来者劣势，更适合于解释来自发达国家的跨国公司的实际。比如，周等（Zhou et al.，2010）以 436 家中国国际新创企业为样本的研究中发现，早期进入国外市场的年轻跨国公司不仅具有学习优势，而且可以利用网络、知识资源弱化新入者劣势和外来者劣势。杜晓君等（2016）认为由于子公司拥有的资源禀赋不同，因而其面临的外来者劣势存在差异，企业资源在很大程度上影响着子公司面临的外来者劣势。

战略选择是跨国公司进入东道国时所采取的包括区位选择、进入模式等在内的重要决策，能够间接影响子公司所遭遇的外来者劣势。塞西等（Sethi et al.，2002）的研究指出，企业对环境快速的响应能力和解读能力以及企业具备的战略制定和高效执行能力，在很大程度上有助于子公司将外来者劣势转变为外来者优势。戈麦斯等（2018）的研究指出，跨国公司在进入东道国之前应当充分了解当地的相关信息，以减少不确定性带来的负面影响，不同的进入模式也会影响子公司面临的外来者劣势。袁柳（2019）在讨论制度距离对企业对外直接投资进入模式的影响时指出，相较于绿地投资方式，许多跨国公司倾向于选择并购方式进入东道国市场，因为通过并购，跨国公司可以学习和积累经验，更好地适应市场，减少外来者劣势的影响。杜晓君和蔡灵莎（2016）发现利用式学习和探索式学习对于降低外来者劣势的影响有着不同的效果，选取恰当的投资区位和进入模式可以在较大程度上降低外来者劣势。

二、国家层面的影响因素

国家层面的影响因素分析大致从制度距离、文化距离以及"一带一路"倡议等几个角度入手。相对而言，制度距离对于外来者劣势影响的研究比较成熟，不少学者认为，外来者劣势源于两国之间的制度距离。科斯托瓦（1999）的研究指出，东道国与母国之间的制度距离越大，跨国公司越难适应东道国的制度环境，也难以建立起合法性，从而导致较大程度的外来者劣势。徐和申卡尔（Xu and Shenkar，2002）认为制度距离的存在，常常会使得子公司在东道国市场上处于弱势地位，进而遭遇外来者劣势，影响其国际化进程。牟宇鹏等（2017）通过剖析两家企业的国际化案例，指出两国之间的制度距离是企业国际化进程中处于劣势的主要原因。

随着研究的不断深入，有学者认为不能把文化距离简单地视为制度距离的一部分（Berry，2010；Salomon and Wu，2012；Hitt，2016；衣长军等，2019），有必要进一步将文化距离从制度距离中剥离出来，讨论文化距离对外来者劣势的影响，因为相较于制度距离，文化距离涉及的时间范围更广，影响也更为深远，且短期内难以改变。于是，一些学者开始尝试讨论文化距离对外来者劣势的影响。比如，拜克等（2013）采用1990～2007年美国外国机构所有权的数据检验外国机构投资者是否面临外来者劣势时指出，若两国的文化差异较大，国家特有的外来者劣势对预期回报的负向影响更为明显。当然，也有学者的研究认为文化距离越大，外来者劣势越小。比如，殷华方（2011）在讨论影响中国企业外来者劣势的因素时指出，文化距离的存在虽然会引致外来者劣势，但是也会带来一定程度的外来者收益。康等（Kang et al.，2012）以墨西哥以及东南亚国家为东道国，讨论对外直接投资情况时发现，跨国公司更倾向于在与母国文化差异较大的国家进行投资。王进猛等（2020）认为中国的高权力距离和集体主义文化会分别与外资企业的低权力距离和个体主义文化产生"反向共鸣"，造成文化距离越大，外资企业的绩效越好的结果。

近些年，中国"一带一路"倡议的提出，不断推进了共建"一带一路"国家与中国的文化交流与合作，缩短了共建国家与中国的心理距离，便利了各国之间的交通，降低了跨国公司的运营成本。冯德连等（2018）基于引力模型，选取2003～2015年中国对"一带一路"共建国家对外直接投资的数据，讨论了距离因素对对外直接投资的影响后发现，文化距离与对外直接投资负相关，推进"一带一路"建设有助于减少中国跨国公司在国际化经营过程中面临的外来者劣势。王雯和杨蓉（2018）基于A股制造业上市公司的样本分析，讨论了"一带一路"倡议对企业国际化的影响，发现"一带一路"倡议提升了中国制造业企业的国际化程度，且企业资源越充足，提升效果越明显。如果企业资源难以保障，则制造业企业的贸然国际化会加剧外来者劣势的消极影响。祝继高等（2021）基于社会网络视角，以柬埔寨的一家公司为样本，剖析了中国企业在国际化经营过程中遭遇合法性质疑，面临外来者劣势的情形，认为在"一带一路"倡议背景下，中国跨国公司的海外子公司在沿线国家遭遇的外来者劣势呈现出动态变化的趋势，一部分外来者劣势可以转化为外来者优势。同时，研究还发现与东道国的政企关系以及产业链关系可能是外来者劣势的一个重要来源；伴随着研究的不断深入，克服外来者劣势的焦点正逐渐从国家层面转移到产业层面，来自母国政府的支持和技术转移以及产业集聚可能有助于子公司将外来者劣势转化为外来者劣势优势。

三、个人层面的影响因素

有关个人层面影响因素的分析，既有研究大多围绕企业家精神以及企业家的国际化经验展开，认为如同企业家精神影响企业的国际化行为一样，企业家精神对外来者劣势也有重要影响。企业家的个人特质，比如企业家的创新精神、企业家的国际化经验、企业家的海外学习和工作背景等，通过影响企业的核心价值观和企业文化，影响子公司面临的外来者劣势。纽伯里等（2006）通过分析60家企业4605名员工的评估报告，发现外来者也并非总是劣势，有时也会对员工产生吸引力，员工的性别、种族及其受教育程度等因素都会影响外来者劣势。乔达和吴（2017）根据在美国的470名国内外企业家的数据分析结果，指出创业导向影响外来者劣势，高创业导向的企业家可以削弱外来者劣势的影响，从而在竞争中获得更多优势。陈健等（2017）结合倾向得分匹配与回归分析方法，重点剖析了海归创业过程中可能遭受的外来者劣势，研究结果发现知识资本与外来者劣势负相关。

四、区域层面的影响因素

伴随着研究的逐渐深入，学者们的研究范围也在不断拓展，一些学者发现对于许多地区经济发展不平衡的大国而言，简单地用国家层面的研究结论概括一国内各地区之间的实际情况存在一定程度的局限。于是，钱等（2013）将外来者劣势划分为国家外来者劣势和区域外来者劣势，讨论了两者对区域多样性和企业绩效的影响，研究发现区域外来者劣势正向影响区域间多样化，国家外来者劣势在区域外来者劣势与区域间多样化之间发挥调节作用。肖文和周君芝（2014）强调基于国家特定优势，中国的对外直接投资倾向于那些自然资源、战略资产以及廉价劳动力相对丰裕的国家或地区，传统的生产企业通过产业集聚优势，可以减弱外来者劣势的影响。张宇婷等

（2016）以在华外国子公司为样本，将地区经济集聚具体划分为多样化集聚和专业化集聚，发现地区间的集聚程度影响子公司面临的外来者劣势，多样化集聚越高的地区，子公司面临的外来者劣势越小，专业化集聚对外来者劣势的影响呈倒"U"型关系。祝继高等（2021）的研究强调，有关外来者劣势的研究正逐渐从国家层面过渡到产业层面，特别是在"一带一路"倡议背景下，集聚对于克服外来者劣势的作用不容忽视。

综合以上分析，按照外来者劣势最初的界定，子公司额外支付的成本包括空间距离成本、母国环境成本、东道国环境成本以及企业特有成本。其中，前三项可以视为国家层面的影响因素，最后一项可视为企业层面的影响因素。虽然也有一些学者讨论了个人层面的影响因素，但相对而言占比不大，并且相关的研究是从企业家角度展开的分析，但也可以归类到企业层面。

第五节　外来者劣势的克服策略

如何克服外来者劣势是该研究的落脚点和最终目的。学者们依据相应的理论，选取不同的样本进行验证，认为可以从提高企业自身能力、充分利用外部环境以及企业家视角三个方面不断克服外来者劣势。

一、提高企业能力

从提高自身能力角度出发，跨国公司可以通过发展隐性技能、提高组织学习能力以及制定恰当的战略等途径克服外来者劣势。

首先，跨国公司可以凭借不断培养和发展隐性技能，削弱其在东道国遭遇的外来者劣势。查希尔（1995）在剖析了外资银行的核心竞争优势与外来者劣势的关系后发现，跨国公司累积的经验和能力可以在很大程度上削弱外来者劣势的消极影响。塞西等（2002）则强调跨国公司可以通过准确解读国际商务环境和不断发展自身的隐性技能来降低外来者劣势。麦迪霍克等

（Madhok et al.，2012）认为相对发达国家的跨国公司而言，来自新兴经济体的跨国公司所拥有的资源禀赋和能力较为薄弱，因此这类企业更需要重点培养学习能力、思维模式以及敏捷性等，只有如此，才能在激烈的市场竞争中克服外来者劣势以及新兴经济体劣势，从而成功实现国际化。吴亮等（2016）认为通过发展资源优势，跨国公司可以在很大程度上弱化外来者劣势的影响。

其次，跨国公司通过不断提升自身的学习能力，削弱外来者劣势的影响。彼特森和彼得森（2002）认为跨国公司在学习上的投入程度以及自身的学习能力都与其面临的外来者劣势有关。蔡灵莎等（2015）通过案例研究证明，利用式学习将外部环境与内部技能相融合，实现渐进性创新，进而弱化外来者劣势，而探索式学习通过获得竞争优势来降低外来者劣势。杜晓君等（2016）也发现双元学习影响外来者劣势，利用式学习强调跨国公司选择以独资方式进入制度环境相似的东道国来降低外来者劣势的影响，探索式学习突出以并购方式进入东道国来弱化外来者劣势。唐等（Tang et al.，2020）的研究把对外直接投资分为利用式和探索式两种类型，作为新兴经济体跨国公司克服外来者劣势采取的不同方法，实证结果表明探索式对外直接投资的积极作用大于利用式对外直接投资。

最后，跨国公司通过制定恰当的战略来弱化外来者劣势。亨尼斯等（Henisz et al.，2001）指出通过选择与母国制度环境相适应的东道国，可以减少外来者劣势的影响。陈（2006）认为在进入不同的东道国市场时，跨国公司采取相应的进攻（如合同保护）或防守（如构建关系网络）策略有助于降低外来者劣势。克洛塞克等（Klossek et al.，2012）基于深度案例视角讨论了在德国运营的7家中国的企业，发现以绿地投资方式进入东道国的跨国公司，通过雇佣母国员工作为管理者可以减少外来者劣势的影响，而以收购方式进入东道国的跨国公司，通过雇佣当地员工获取合法性，进而减少外来者劣势。科萨特等（2019）在分析了3家法国跨国公司子公司在印度的经营活动后发现，由于天生的敏感性，服务业跨国公司在整合当地网络时面临较大的困难和较高的外来者劣势，特别在管制和媒体方面，但子公司可以通过塑造良好的形象，迎合当地人对跨国公司的预期，获得合法性，克服外来者劣势。

二、充分利用外部环境

从充分利用外部环境角度出发，跨国公司可以通过制度同构以及加强文化交流等多种方式削弱外来者劣势的影响。

一方面，通过模仿同构可以减少两国之间制度距离的影响，进而弱化外来者劣势。科斯托瓦和查希尔（1999）的研究认为，为了能够更好地生存下去，跨国公司可以模仿东道国的制度环境，进而获得合法性。萨洛蒙等（Salomon et al.，2012）认为，跨国公司通过模仿当地同类型企业的行为获取合法性，且这种方式在进入东道国市场初期效果比较理想，随着跨国公司管理经验的增加，效果会有所减弱。纽文汉姆 – 卡汉蒂等（2018）分析了 8 家跨国公司的案例后指出，跨国公司可以考虑通过共同构建新的制度逻辑而不是遵循现有逻辑来克服外来者劣势。李梅等（2020）认为外来者劣势是当前中国企业海外并购活动过程中面临的诸多困难之一，并以 2008～2015 年中国上市公司的 197 起海外并购活动为样本，讨论了外来者劣势与海外并购企业绩效提升之间的关系，研究表明由合法性缺失引致的外来者劣势负向影响着并购企业的生产率提升，由信息不对称引致的外来者劣势对于并购企业的生产率提升影响并不显著，地理距离所引发的信息障碍对于外来者劣势的影响已不再是主要考虑因素。

另一方面，加强文化交流有助于跨国公司更快速地适应东道国文化环境，有效弱化外来者劣势。相对而言，文化距离的影响更为持久，为尽可能地减少由文化距离所产生的外来者劣势，跨国公司应多加重视文化交流。莫里斯和杰恩（Morris and Jain，2014）发现两国之间的文化背景越相似，进入该国开展国际化活动时面临的外来者劣势越小。杜晓君等（2014）以 2004～2010 年中国企业国际并购事件为例，讨论外来者劣势与国际并购绩效的关系时指出，母国与东道国之间的文化交流，有助于增加相互之间的了解，提升东道国及当地企业对于跨国公司的印象，从而减少外来者劣势。

三、发挥企业家的重要作用

从企业家角度出发，子公司可以通过提高创新能力以及累积国际化经验等方式削弱外来者劣势。布拉德古德等（Bloodgood et al.，1996）研究了美国企业的情况后发现，企业家的海外学习经历以及工作背景越丰富，越有助于跨国公司克服外来者劣势。佩雷多等（Peredo et al.，2004）认为选择更具创新能力和国际化经验的管理者，可以帮助跨国公司克服外来者劣势的影响。黄胜（2017）认为具有高学习导向性的员工能够快速识别有效信息，从而获得先行者优势，可以在一定程度上克服外来者劣势的影响。斯托亚诺夫（Stoyanov，2018）强调企业家通过积极加入海外华侨网络，可以弱化子公司由于外来者身份在东道国市场遭遇的劣势。

综合以上分析，现有研究基于垄断优势理论、资源基础观、制度理论、战略管理理论以及组织学习理论等，对外来者劣势的影响因素和克服策略进行了较为详细的阐述，但多以发达国家的跨国公司为研究对象。近年来，许多发展中国家的跨国公司纷纷走出国门，走向国际市场，参与国际竞争。与发达国家相比，新兴经济体的跨国公司在逐渐实现国际化成长的过程中，不仅会面临更严重的外来者劣势，还会面临诸如来源国劣势、新兴经济体劣势、新入者劣势等一系列消极影响，因此，如何有效克服外来者劣势一直是学术界和企业家们希望解决的重要问题，也是新兴经济体跨国企业迫切需要解决的问题。鉴于此，本书尝试通过梳理文献之后，在讨论外来者劣势主要影响因素的基础上，以在欧洲运营的中国制造业跨国子公司 2011～2021 年的数据为样本，采用系统 GMM 估计方法以及 fsQCA 分析方法，讨论同行业集聚与同源国集聚对外来者劣势的影响以及国际化速度和心理距离的调节效应。

第三章
理论推演

通过本书第二章的文献综述可以看出，既有文献基于不同的理论，从多个层面讨论了外来者劣势的相关问题，为本书研究工作的开展奠定了坚实的基础。然而，鲜有基于区域层面讨论外来者劣势的影响因素。因此，本章将在梳理生态学基本理论以及种群生态学的发展与应用的基础上，基于种群生态学的基本理论以及集聚经济理论，结合种群成长模型，尝试基于种群密度讨论同行业集聚和同源国集聚对外来者劣势的影响。

第一节　生态学基本理论

一、生态与生态学

（一）生态学的基本理论

生态学是剖析在某一特定范围内各生物之间，以及生物与其所处环境之间相互关系的科学，按照对生物的观察程度，可以具体分为个体、物种、种群、群落以及生态系统五个层次。由于不同层次的研究对象有所不同，因此采用的研究理论和研究方法也存在较大差异。通常认为，个体是具有独立生物特征的单一生物体；物种是具有相同的内在或外在特征的某一类生物个体；种群则是处于同一区域的同一物种的复合体；群落是同一区域中不同种群所构成的复合体；生态系统也就是同一区域内，各生物群落与非生物群落共同构成的复合体（孙儒泳等，1993）。一般的，生态系统可以被视为生态学理论不断深化的产物，伴随着生态学研究对象的变化和不断演进，相应的研究也从"个体"逐渐扩充至"种群"以及"群落"等，有关生态环境整体的变化吸引了学者们的广泛关注，生态系统理论也得到了一定程度的发展和完善。

生态学的研究需要在界定生物环境范围的基础上进行生物体的观察和分析。按照个体、物种、种群、群落以及生态系统五个层次依次确定研究范围。比如，如果要讨论某一物种的演化趋势，首先需要在界定物种的基础上，具体描述该物种的生物特征，然后确定该物种的种群分类，讨论不同种群的分布特点以及竞争现状等，再明确所处群落中不同种群之间较为复杂的关系，等等。总体而言，生态学的研究是从不同层面剖析生物种群之间相互依赖或相互竞争的关系。

由于生态学中许多观点和理论能够很好地解释生物种群之间的互动关系，以及种群所处环境的变化如何影响种群生存与发展的相关问题，因此，这一理论也被学者们广泛借鉴并应用到其他学科领域，在解释其他领域的相关问题时发挥重要作用，特别是在阐述组织成长或衰退时。同时，生态学的相关理论也被用来描述一些相对抽象的系统行为，探讨动态变化的生态系统中各组成要素之间的互动关系。

（二）生态学的基本模式

运用生态学的相关理论，可以较好地解释生态系统中各组成要素的相互关系，按照学者们的分析，可以将生态学的基本模式具体概括为分布、互动、竞争以及演化四个阶段。

1. 分布（distribution）

讨论生态学中的物种分布，实际上是在分析物种所处的空间状况。既有研究中，通常采用一些数学方法，通过构建空间模型对生态系统中的物种分布进行描述和解释，比如，可以包含有关各生物种群的数量、各生物种群的地理区域分布及其分布结构。由于生态系统中生物种群的分布影响着种群中各生物个体的生存以及相应的行为，因此，种群的分布状况在很大程度上影响着种群生态系统的稳定性。为进一步明晰各种群在生态系统中的状况，学者们常常采用种群密度、物种多样性等指标来描述。其中，种群密度是指生活在同一环境中同一物种的数量（朱园园，2014），在一个生态系统中，某一种群的种群密度越大，认为这一生态系统中该种群的物种数量越多，该种群可能处于相对重要的位置。而物种多样性作为一个重要的种群观察指标，用以表示种群内各物种的多样化程度，描述物种的丰裕程度和分布均匀状况，一般情况下，物种多样性越高，认为该生态系统的稳定性越强，在遭受外力时就越能够快速作出响应，也能够更好地抗击外部环境的压力。虽然上述两个指标均可以反映种群在生态系统中的生存状况，但由于种群密度能够更好地体现种群的变化规律，因此，目前基于种群密度的讨论无论是在数量上还是在研究深度上均相对丰富一些。

2. 互动（interaction）

在一个生态系统中，种群的分布更多体现的是该系统在某一时刻的相对静态的状况，但事实上，大多数的种群处于动态变化当中，种群之间的分布状况会直接影响各种群之间的互动关系。比如，临近的两个种群之间往往会有较高的互动机会和互动频率，相对较远的两个种群之间的互动机会和互动频率会较低。

生态学的相关研究中，多采用利基理论解释种群之间的互动行为。利基，又称为生态位，是一组环境要素的组合，在这些组合中，生物种群通过互动行为得以不断繁衍，最终实现成长，因此，可以将利基视为那些有利于种群生存的特定环境要素的组合。通常情况下，那些能够维持特定种群的基本要求，不至于让种群衰亡的环境因素的组合，可以被称为基本利基（fundamental niche）。基于生态学视角的解释，两个或两个以上种群之间存在互动关系，并且彼此的基本利基具有交集时，则可以称之为利基重叠（niche overlap）。

利基重叠在解释种群之间的互动行为以及信息在不同种群之间的传递和转化等具有重要的意义。

一般的，种群之间的互动可以具体分为内部互动和外部互动。内部互动通常发生在同一群落的不同种群之间，由于利基重叠的存在，不同种群之间的互动强度和互动频率有所差异，也必然会带来信息交流。同时，内部互动还可能发生在同一种群的不同个体之间，但由于不同个体处于相同种群，个体所赖以生存的环境要素比较相近，对于资源的需求也较为相似，因而彼此之间会存在更多竞争的可能。外部互动一般是某一种群与其所处群落外部的其他种群之间的互动，因为群落外部的物种与群落内部的物种之间存在较大差异，所以外部互动对群落内外部种群的影响较大，有时甚至可能是冲击。

3. 竞争（competition）

在一个生态系统中，面对有限的资源，生物种群常常出现利基重叠的生物种群之间因为争夺资源而产生一系列竞争行为（Carrol，1988；Carrol and Hannan，1995）。结合前面的分析，我们可以进一步将这些竞争行为分为合作式竞争与冲突式竞争（Grant V.，1991）。其中，合作式竞争强调不同种群之间的竞争行为以合作方式展开，竞争的最终结果并非"你死我活"，而是一方在不损害另一方的前提下受益，或者通过合作使得双方均受益，因此，这种竞争行为又被称为共生。冲突式竞争则强调不同种群之间的竞争表现出一定的冲突性，是以损害竞争对手的利益为手段，此类竞争常常又可以分成资源利用性竞争（exploitation competition）和互相干扰性竞争（interference competition），前者主要是指在资源总量既定的情况下，因某一种群的资源获取而间接影响竞争对手因资源短缺造成的生存与成长压力，后者主要是指的是不同种群之间为争取有限资源而实施的包括攻击、伤害等直接的竞争行为。

4. 演化（evolution）

由于外部环境变化以及种群之间的竞争压力，为了存活，每一个物种都会逐渐调整和增强自身对于外部环境和内部竞争压力的适应能力，这一过程被视为演化过程。综观历史上各物种的发展规律，演化是一种优胜劣汰的必然结果，也是种群为了生存而不断竞争的结果。事实上，演化也是种群得以生存的一个进阶阶段，在经历了分布、互动以及竞争等几个阶段后，物竞天择的过程必然会将更具能力和更能适应外部环境的种群保留下来，参与生态系统的构建与发展。

二、生态学在管理研究中的应用

生态学是剖析物种或种群在群落中的不同关系以及它们与环境之间相互关系的科学。经过了多年的发展，生态学积累了较为坚实的理论基础，近年来更是受到来自不同领域的广泛关注，特别是在分析特定系统内各个组成要素之间的相互影响时（Blanchard et al.，1988）。早在20世纪70年代中期，就有学者尝试将生态学的理论应用到探讨组织管理的相关问题中，他们将组织视为一个生命体，系统分析外部环境对于组织的成长与衰退、组织之间的互动以及组织形态的演变等重要问题的影响。当组织被看作一个系统时，运用生态学的基础理论便可以解释组织内的现象与问题，于是，在研究不断深入和完善的过程中逐渐形成了"组织生态学"（Organizational Ecology），组织生态学主要是运用生物学、生态学、新制度经济学以及社会学等相关学科领域的主要理论、概念模型以及方法等分析组织结构以及各组织所处外部环境要素影响的一门新兴的交叉性的学科，研究所涉及的内容包括组织的成立、组织的演化以及组织的消亡等。其中，组织成立的生态化过程重点强调组织生态位、种群密度以及组织成立比率之间可能的相互关系。组织演化可以被视为一种组织与外部环境相互适应的过程，在此过程中实现组织的成长。组织的消亡是组织的生存数量小于种群生存的最低水平，在一定程度上讲，个体组织的消亡是其所处种群的一种自我保护和进化过程。国内的研究中，陆玲（1995）较早提出"企业生态系统"的概念，将生态学与管理学进行有机结合，并系统地提出了企业生态链、企业群落、企业生态系统等一系列相关概念。基于生态学的基本原理，组织生态学对传统组织理论提出了革命性的思维，开启了组织管理一个崭新的研究方向。

（一）组织生态学的发展阶段

作为演化理论的重要发展，组织生态学的研究对象是整个种群或者群落，重点剖析种群系统内个体之间以及个体与环境之间的多种互动关系。研究表明，经济系统与生态系统存在较大的相似性，因此，组织生态学也可以依托经济系统的发展规律，按照"个体→企业种群→产业种群→生态系统"的基本模式，从不同层面围绕组织的发展规律以及组织与环境之间的互动关系展开研究。

组织生态学的发展大致经历了三个阶段：第一阶段是 1977 年，汉南和弗里曼（Hannan and Freeman）基于组织生态学的基本论述，通过构建衡量企业发展、变迁及其演替的数学模型，提出了较为完整的组织生态学研究框架，该框架认为企业变迁（适应）与环境选择是种群演化的主要路径，种群中企业的进入与退出是一个动态变化的过程，可以采用企业的进入率和退出率来诠释种群的涨落规律。同时，该框架以种群密度作为影响企业生存条件的关键参考因素，考虑到企业生存所需资源的有限性，认为种群内的企业会随着种群密度的增加，依次经历合法化阶段和竞争性阶段两个过程，并在不同过程中有着差异化的表现。汉南和弗里曼（1977）的研究重点关注了组织的创建与消亡等一系列关键过程，为组织生态学的进一步深入发展奠定了较为坚实的基础。

第二阶段是以辛格（Singh，1990）的著作《组织演化：新方向》的出版为代表，这一阶段组织生态学的研究重点集中于社会环境对于组织形态产生与消亡的影响，涉及组织的创建与退出、组织形态的变迁等一系列问题。由于这一阶段的研究重点关注组织适应与环境选择之间的关系，因此，出现了生态学与许多其他理论的交叉性研究，比如，生态学与资源依赖理论、生态学与交易成本理论以及生态学与战略管理理论等学科理论的交叉与融合。

第三阶段，生态学研究的焦点集中在组织演化上，包括对组织内、组织间，以及种群间等不同层次的演化研究，以鲍姆和辛格（Baum and Singh，1994）的《组织演化动力学》一书的出版为标志。相较于第二阶段，这一阶段的组织生态学更进一步强调了组织的演化问题，分析了种群演化整体与局部的关系，包括各组织之间的本地互动对于组织种群演化的影响以及种群系统的演化对于企业生存与发展的影响。基于以上分析，夏妍艳（2012）的研究认为组织生态学重点是在分析和解释组织外部的社会、经济以及政治条件对各类组织的影响，剖析组织构成随时间变化的现象以及组织通过改变自身或适应环境而不断产生与消亡的现象与原因。喻信东（2017）的研究认为种群中不同企业的成长与种群密度有关，理论上应该会存在一个最佳种群密度，影响着不同企业的生存与死亡、不同企业在特定产业内更迭与变化、不同企业的行为选择对特定产业迁入与迁出的影响，等等。

（二）组织生态学研究的基本假设

按照艾姆伯吉和饶（Amburgey and Rao，1996）关于组织种群生态理论发展过程的分析观点，由于传统组织理论多将组织个体视为横截面，缺乏较为深入的有关组织诞生、成长、衰退以及死亡等的系统阐述。组织生态学尝试将产业环境视为一个生态系统，不同产业就是该生态系统中的不同种群，这样可以更为纵向地长期地观察各组织的发展变化，因而更适合分析各组织随环境演化的过程。汉南和弗里曼（1989）在构建组织生态理论时指出，有关组织生态的探究应该经过相对细致的类比和较为严谨的推演，在满足几个基本假设的前提下实现，这几个基本假设具体包括：

1. 一致性假设

企业与其所处环境之间的关系是组织生态学的研究主题。通常情况下，具有相同价值活动的企业与同行业的其他企业会组成一个组织种群，因此，一致性是组织生态学的第一个假设，也即，组织种群内的各企业必须具有相同的利基，同一种群内的各个企业对外部环境的变化具有相似的表现。基于一致性假设，相关研究才可以将组织种群内的企业视为一类企业。当然，也正是一致性假设的存在，才产生了后续有关同一种群内各企业之间的竞争行为分析。

2. 可分类假设

虽然同一种群里的各企业具有相同的利基，面对相似的外部环境还可能有着相似的环境反应，但仍然有必要将不同的组织按照较为精确的标准进行分类，以明确种群中各物种（企业）的类别，用以描述组织的特征，这既是生态学研究的基础，也是组织生态学的基础。

3. 结构惰性假设

一般而言，组织种群中的各企业所属产业、组织结构以及核心能力往往具有相对的结构惰性（structure inertia），也就是说，这些企业具有共有的特征，但这些特征并不容易发生快速且剧烈的变革，具有一定的结构惰性特征。然而，在实际的企业运营过程中，各企业的组织结构和核心战略常常会随着企业的自有意志发生一定的变化，也使得组织生态变得相对复杂。但外部产业环境中的自然选择结果更倾向于结构惰性强的组织，因此，那些所属产业、组织结构以及核心能力相对稳定的组织更容易在竞争中获胜，从而存活下来。结构惰性可以被视为组织种群不断适应外部环境的产物，当特定组织种群面临的外部环境发生了一些根本性的变化时，该种群就不可避免地逐渐走向衰落。

（三）企业生态位理论

自 20 世纪 70 年代末提出以来，生态位的概念被应用于分析种群关系、种群结构以及种群的多样性等相关问题，并在之后的 20 多年里备受学者们的广泛关注，逐渐成为生态学的核心内容之一。生态位是每个物种在生物群落里的时间、空间以及机理关系，是一个物种与其他物种之间的相对位置（Putman，1984），也可以将生态位理解为企业或企业种群在多维环境资源空间中所处的位置（陆小成和罗新星，2007）。参考马世骏和王如松（1985）的观点，企业所处的整个社会生态环境构成了企业的复合生态系统，生态位就是企业复合生态系统的中间层（见图 3 - 1）。

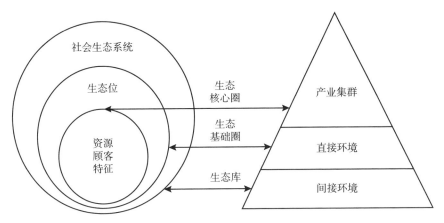

图 3-1 企业的复合生态系统

如图 3-1 所示，中间的小圆圈涉及资源、顾客以及相应特征，对应产业集群，构成复合生态系统的核心圈。其次为企业活动所面临的直接环境，构成复合生态系统的基础圈，即生态位。最外围是企业活动所面临的间接环境，构成复合生态系统的生态库，即社会生态系统。从微观层面看，企业生态位是企业与其所处环境之间不断互动和逐步匹配适应的一种结果。从中观层面看，生态基础圈是企业所处的生态大环境与企业紧密相关的部分，是影响企业活动等的直接环境因素，也就是企业赖以生存的生态位。

1. 生态位结构

随着外部生态大环境的快速变化，加之组织种群内各企业之间的竞争日益加剧，生态位现象也逐渐引起学术界和社会各界的密切关注，相继出现了一批研究企业生态位的成果，主要基于生态位结构模型，分析了生态位重叠与竞争、生态位的错位与分离等相关问题。

（1）生态位结构模型。

生态位模型是生态学研究中的一项重要内容，可用于解释剖析生物群落里各物种的生存与繁殖情况。由于每个物种都拥有其特定的生态位，该物种能否占据并维持这一生态位决定着这一物种的生存与否。基于生态学的基本理论和相关内容，哈钦森（Hutchinson，1957）提出了超体积生态位模型，该模型认为每一种生物对于资源和环境的选择均可以构成一个集合，由于资源和环境是多维度的，因此，每一种生物对资源和环境的适应性可能会呈现出一条正态分布的曲线。一般的，某一生物对资源和环境的适应性越强，则其生存压力越小，该生物存活和延续的可能性越高。基于上述分析，王发明（2007）在分析产业集群演进过程时，进一步将生态位分为基础生态位、实现生态位以及潜在生态位。其中，基础生态位通常是生物群落能够为某物种提供的最大空间；实现生态位则是某物种在生物群落中实际占有的生态位；潜在生态位是尚未被生物物种利用的实际存在的生态位，可以被视为生态位的潜在形式。对于上述三种生态位的研究，目前已逐渐渗透到生态学研究的各个领域，其应用范围也越来越广泛，并日益成为生态学重要的研究工具和理论基础。

（2）生态位重叠与竞争。

由于生物种群中的资源有限，常常会出现两个或两个以上的物种对于同一资源或环境的需求趋同，这就不可避免地在两者之间出现生态位的重叠以及由于对相同资源的获取而产生的竞争。

通常情况下，生态位重叠强调生物种群中的生态位被不同物种占据的程度，也即一个物种所占据的生态位同时被其他物种占据的程度，因此，生态位的重叠程度会对物种之间的竞争程度产生影响，两个企业生态位重叠程度越小，他们所处生态位之间的差异就越明显，企业之间的互补共生需求就越大，竞争越小。将这一观点应用于企业管理活动中，两个或两个以上企业之间的生态位重叠程度越高，说明生态位之间的差异越小，企业之间的竞争也就越激烈。反之，两个或两个以上企业之间的生态位重叠程度越低，则生态位之间的差异越大，企业之间的竞争就越不激烈，企业越趋向于互补共生。李文华和韩福荣（2006）通过对生态系统的生态位仿生研究，在对企业资源、环境、时间、空间以及生存能力等多个维度进行细分的基础上，认为生态位重叠可以包括平均重叠与结构重叠，并构建了 n 个企业之间生态位的综合重叠值以及总结构的重叠矩阵。孙耀吾等（2014）基于生态位重叠视角，构建了企业生态位演化模型群，讨论了不同类型高技术服务创新网络的参与主体之间的竞合关系，认为生态位重叠的各个创新主体之间通过合作共生模式可以实现企业生态位的协同进化，企业如果过于片面地追求自身发展，其企业生态位可能反而会被侵蚀。张爱珍（2017）基于生态学视角，分别从生存力、发展力以及协调力三个层面分析了战略性新兴产业的生态位强度，并分析了样本省市的产业生态位强度及其重叠指数，最后提出了战略性新兴产业的竞争策略。陈瑜等（2018）基于进化博弈理论，从生态位演化视角剖析了技术创新在光伏产业生态位的演化过程中的重要作用，认为创新成本、政府补贴以及预期收益率等因素影响着战略性新兴产业的生态位演化。龙跃（2018）融合生态位理论和产业集群理论，阐述了战略性新兴产业集群从技术生态位到市场生态位的协同跃迁过程和主要机理。

（3）生态位错位与分离。

不同于生态位重叠与竞争的情形，由于各物种在同一生物种群中的作用不同，因此，各个物种的生态位也可能会出现错位和分离的情况。按照哈钦森（1957）超体积生态位模型的观点，随着资源和环境梯度的增加，种群中的生态位维度也会增加，物种之间会经由生态位资源的利用以及活动空间的差异来削弱彼此之间的竞争强度。自然界中有许多利用生态位的不同维度实现生态位分离和生物共存的现象。

一般而言，如果企业所处种群内存在尚未被充分利用的冗余资源，种群内的各个企业就会尝试通过扩展生态位宽度的方式获取冗余资源，以促进自身的发展。伴随着种群内企业的不断进化，不可避免地会出现竞争的情形，企业生态位越靠近，重叠的概率越高，彼此之间的竞争就越激烈，就可能会导致企业生态位分离。

2. 企业生态位

企业生态位表明了企业在特定时空条件下，企业与环境、企业与生存要素以及企业与企业之间的关系总和。哈曼和弗里曼（1977）最先对企业生态位进行了界定，将企业在其生存环境内实际占有的资源空间称为企业生态位。麦凯维（Mckelvey，1982）将每一个企业种群视为生态位研究的诸多个基本单元，讨论在多维资源空间内企业对环境变化的适应以及环境对企业种群的选择，并逐步形成了企业生态位理论。由于不同类型的企业在资源、技术环境、生存空间以及制度变量的选择范围等方面存在差异，常常将由这些要素所构成的、具有某种结构关系的集合视为企业生态位结构。类似于生物物种，企业所处环境也是由政治、经济、社会以及文化等多种因素构成的，企业只有处在特定的生态位中，才能够实现生存与成长。一般地，企业对上述影响因子的适应程度越高，则其在该环境下所面临的生存压力越小，越有可能实现企业的生存与发展。博施－西特塞马（Bosch-Sijtsema et al.，2010）在讨论 IT 产业的技术架构等问题时指出，产业之所以能够适应环境，并实现自身的进化，与其不断优化和调整恰当的生态位紧密相关。

鉴于企业生态位理论中有关种群的概念较为笼统，将种群内的企业视为完全相同的个体，忽略了不同企业自身的特性等异质性问题，所以学者们借用生态位的概念，在保留和借鉴企业种群生态位中大部分理论认知的条件下，进一步提出了企业个体生态位理论。企业个体生态位理论着重分析单个企业的生态位，认为种群中不同企业对于资源的不同需求和生产能力的差异是个体生态位的表现，因此企业个体生态位也被称为微观生态位。鲍姆和辛格（1994）的研究指出种群内单个企业的生态位，有利于区分种群内各企业对重叠资源的需求以及互为补充的差异，因为这些需求和差异构成了企业竞争与合作的潜在力量。企业宏观生态位将企业种群视为生态位的基本单元，强调处于同一环境生态位下的企业种群对环境变化的适应情况以及所处环境如何对企业种群进行选择。企业微观生态位是以单个企业为研究对象，重视企业种群内不同企业个体之间的差别。

第二节　种群成长模型

在生态学的领域中，通常将仅聚焦某一种生物及其组成部分的种群与环境之间的关系称为个体生态学，将探讨某一环境内，构成共同功能单位或者生存体系的不同物种之间的关系称为群体生态学。一般的，在一个由一群生物组成的群体中，按照不同的组成层次，可以进一步细化为种群、社群以及生态系统。其中，种群就是由一种生物组成的群体。生态理论对于种群成长过程进行探讨，使得生态理论的发展进入动态性的思考。组织生态学认为新组织形式的出现是部分企业成功进行流程创新的产物（王发明，2007）。这些企业会不断地通过沟通与反馈，将自身成功的经验在其所处环境中进行扩散，一旦扩散达到一定规模时，就会出现原有技术或经验被新的技术或经验所替代的情况，进而影响原有市场中特定种群的结构。

一、模型引入

汉南和弗里曼（1989）指出种群成长模型主要来源于洛特卡（Lotka）及沃尔泰拉（Volterra）分别于 1925 年和 1927 年提出的种群成长动态模型（简称 LV 模型）。该模型假定单个种群是由许多规模均等并且具有相似特征的企业所构成，在与其所处环境的不断协同调整过程中，种群经历了诞生、成长、逐渐成熟、衰退直至死亡的进化过程，并在这一过程中形成种群个体数量的一种均衡状态。王发明（2007）基于种群成长模型，分析了产业集群的演进过程，本书借鉴其研究思路和方法展开进一步的分析，假设单一种群的成长率是一条"S"型曲线，也即：

$$\frac{d_N}{d_t} = \rho_n N \qquad\qquad (3-1)$$

$$\rho_n = \lambda_n - u_n \qquad\qquad (3-2)$$

其中，N 表示种群规模，ρ_n 和 λ_n 分别表示规模为 N 时的种群成长率和种群出生率，u_n 表示规模为 N 时的种群死亡率。如果 λ_n 和 u_n 均为常数，表明种群出生率和死亡率并不会随着种群规模的变化而发生变化，此时的种群成长率是一个常数，可以认为种群成长模型是按照指数成长曲线实现的。

然而，现实情况中，资源总是有限的，种群的出生率和死亡率往往会随着种群规模的变化而发生变化。按照洛特卡和沃尔泰拉（1927）的分析，假设种群的出生率和死亡率随种群规模的变化而发生线性变化，即有：

$$\lambda_n = a_0 - aN \quad a_0, \ a_1 > 0$$

$$u = b_0 + b_1 N \quad b_0, \ b_1 > 0$$

$$\frac{d_N}{d_t} = (a_0 - b_0)N - (a_1 + b_1)N^2 \quad a_0 > b_0$$

$$= (a_0 - b_0)N\left(1 - \frac{a_1 + b_1}{a_0 + b_0}N\right)$$

$$= rN\left(1 - \frac{N}{K}\right) \qquad\qquad (3-3)$$

其中，$r = (a_0 - b_0)$，表示种群的内在成长率，N 表示种群规模，$K = \dfrac{a_0 - b_0}{a_1 + b_1}$，表示环境对种群的负载容量（carrying capacity），由于种群规模 N 是一个整数，$r = (a_0 - b_0)$ 被称为内在成长率，因此，当种群规模 N 很小时，由公式（3-3）可知，种群的成长率 $\dfrac{d_N}{d_t}$ 近似地等于其内在成长率 r，表示既有资源对于种群成长的约束有限。但当种群规模逐渐增加并趋近于 K 时，则种群成长率 $\dfrac{d_N}{d_t}$ 无限趋近于 0，可以认为种群成长率没有发生变化，种群规模趋于饱和，无法继续增加，此时，环境对种群的负载量可以表示为 $K = N = \dfrac{a_0 - b_0}{a_1 + b_1}$。

上面描述的是单一种群的成长变化情况，在 Logistic 模型基础上，LV 模型构建了用于描述种群之间协同竞争关系的模型（陆小成，2008）。该模型假设生物群落中有两个种群 X 和 Y，其种群规模分别表示为 N_1 和 N_2，环境负载量分别为 K_1 和 K_2，种群的内在成长率为 r_1 和 r_2。按照生态位态势理论，可以将种群规模 N 视为物种在资源存量、个体数量、经济发展、适应能力以及科技发展水平等方面的累积结果，则 $\dfrac{d_N}{d_t}$ 可以理解为生物单元对于环境的实际支配力或影响力，例如资源存量的变化、经济发展水平增长率、适应能力的变化等。此时，可以进一步将上述的种群增长关系表示为：

$$\frac{d_N}{d_t} = r_1 N_1 \left(\frac{K_1 - N_1}{K_1} \right) \qquad\qquad (3-4)$$

$$\frac{d_N}{d_t} = r_2 N_2 \left(\frac{K_2 - N_2}{K_2} \right) \qquad\qquad (3-5)$$

大多数情况下，面对同样的资源，不同物种能够容纳的最大环境负荷量存在差异。假设种群 X 和种群 Y 彼此相互作用，a_{12} 和 a_{21} 分别表示种群 Y 对种群 X 的竞争系数以及种群 X 对种群 Y 的竞争系数。进一步地，如果生物群落中存在两个以上种群，特别是当两个种群之间存在竞争关系时，一个种群的负载量会随着另一个种群的存在而逐渐减少。假设这种减少遵从线性关系，则竞争性成长模型可表示为：

$$\frac{d_{N_1}}{d_t} = r_1 N_1 \left(\frac{K_1 - N_1 - a_{12} N_2}{K_1} \right) \qquad\qquad (3-6)$$

$$\frac{d_{N_2}}{d_t} = r_2 N_2 \left(\frac{K_2 - N_2 - a_{21} N_1}{K_2} \right) \qquad\qquad (3-7)$$

其中，N_1 和 N_2 分别为两个种群的规模，r_1 和 r_2 分别表示两个种群的内在成长率，K_1 和 K_2 为环境对两个种群的负载容量，a_{12} 和 α_{21} 为两个种群的竞争系数。从理论上讲，种群 X 和种群 Y 之间的竞争结果可能有三种情况：第一种情况是种群 Y 被挤掉，种群 X 获胜；第二种情况是种群 X 被挤掉，种群 Y 获胜；第三种情况为两个种群在竞争中协同共存。那么，最终究竟处于哪一种竞争情况，往往取决于种群之间竞争与种群内部竞争的相对程度。一般地，如果某一种群的内部竞争强度较小，而种群间竞争强度大，则该种群更容易在竞争中取胜。反之，如果某一种群的种群内竞争强度大，而种群间竞争强度小，则该种群趋向于在竞争中落败。

二、成员间的互动关系分析

施奈德和范（Schreuder and Van，1990）认为特定种群的动态变化离不开两个核心概念，即合法性与竞争性，前者描述了种群所处外部环境对于特定种群的接受程度，后者强调了特定种群之间以及种群内各企业之间对于有限资源的争夺程度。事实上，可以将种群的长期演化及其成长过程理解为种群逐渐融入其所处环境并与种群内成员竞争的过程。综合以上分析，本书进一步对种群成长模型及其种群成员间的互动关系进行剖析，具体包括：

第一，种群内在成长率。一般地，在没有资源和外部竞争压力约束的情况下，种群的内在成长率常常会受到组织规模、组织复杂性、组织内部控制程度以及组织外部公共环境等多种因素的影响。当种群对上述资源的依赖程度较小时，该种群建立或存活的概率就较高，种群的出生率越高，死亡率越低，成长率越高。反之，当种群对上述资源的依赖程度较大时，种群的出生率就较低，死亡率较高，成长率就越低。因此，种群的内在成长率与种群所处的内外部环境有着较为密切的关系。

第二，环境负载量。种群环境负载量是一系列与种群成长有关的社会经济条件，这些社会经济条件可能会随时间推移而发生动态变化，并对种群造成一定程度的影响，通常包括诸如资源可利用程度、制度规范等内容。一方面，资源可利用程度包括对各种经济性和社会性资源的利用。伴随着经济的快速发展以及各种社会变革的出现，种群所依赖的资源也随之发生变化。经济资源的不断发掘与扩充，不仅有助于既有种群的成长，也会在不同程度上促成其他形式种群的出生与成长。社会变革的出现，对原有的规范和惯例造成冲击，使得资源在不同组织种群之间重新分配，组织种群赖以生存的原有环境和均衡关系被破坏，既可以为种群带来许多新的机遇，也有可能是一种挑战。另一方面，制度规范影响着种群的合法化水平。相对而言，种群所处环境的制度规范越合理，种群的建立和成长越容易。同时，制度规范化还有助于组织间的同构行为，使得组织的运作更容易被接受，拥有较高的合法性，也更有利于组织的存活与成长。因此，种群负载量随着资源和制度规范等因素的变化而动态变化。

第三，种群间的互动。种群间的互动往往随着种群中成员数量的多少而变化，换言之，种群中成员数量的增加与减少与种群间的竞争与合作紧密相关。一般而言，在种群的建立初期，种群内的成员数量较少，资源也相对丰裕一些，种群内各成员之间更多会通过合作方式互帮互助，实现成长，此时的合作效应较为明显。然而，随着种群内成员数量的不断增加，既有的资源变得日益稀缺，种群内成员之间会因为争夺有限的资源产生竞争，此时会表现出更多的竞争效应。因此，究竟种群中成员数量或种群规模达到多少时，才能区分竞争与合作存在一定的困难。有的研究按照种群的总体规模来讨论，但由于一些种群规模存在较大差异，种群的形式、种群拥有的资源、种群中各成员对于资源的需求差异等原因，种群中的成员数量的变化影响着种群中成员之间的关系。如果采用种群密度反映种群中的成员数量，则可以较好地反映种群的出生率和死亡率随种群形式、种群资源以及需求差异变化的情况，也能在一定程度上反映出种群的合作与竞争。

第四，生命繁衍方式。借鉴王发明（2007）的分析，可以将生命繁衍方式理解为生态学中的生命繁衍策略，并分别采用 r 策略和 K 策略代表投机性策略和渐进式策略。其中，r 策略表示以最小的个体投入，通过争取种群所处环境内部的各种资源和机会，不断衍生出最大数量的其他个体，实现最大程度的种群内在成长率。而 K 策略则代表种群中的个体投入相对较大，需要投入大量的资源，种群内其他个体的繁衍过程相对更为复杂，需要的周期也较长，因而 K 策略下种群的繁殖率较低。但由于前期资源丰富，加之相对稳定的成长速度，因此种群内单个个体均拥有较为健全的体质，受外界因素影响的程度较小。比较两种策略后可以发现：一方面，r 策略和 K 策略下种群的繁衍方式不同。r 策略下种群的繁衍速度较快，市场进入壁垒较低，因此可以快速进入市场。而 K 策略下种群的繁衍速度相对较慢，市场进入壁垒较高，因此进入市场也相对滞后。另外，r 策略和 K 策略下种群内的成员特征不同。r 策略下种群内的企业虽然繁衍速度快，但企业内部结构不够完善，"体质"较差，面对激烈的竞争常常难以应对，因此生存率较低。而 K 策略下种群内的企业一般拥有较为丰富的资源，经过循序渐进的成长过程，相对"体质"良好，能够应对种群内外部可能面临的各种竞争，生存率相对较高。

第三节　考虑集聚情况的模型拓展

生态系统中各物种并非单独生存，往往会与其他相关物种相互作用，而这种相互作用，在影响单个物种生存与发展的同时，也会间接影响各物种相互关联所构成的较为复杂的系统及其稳定性。

一、种群环境对外来者劣势的影响

一个企业的成立与发展受其所处外部环境的影响，环境资源条件的差异影响着种群内各企业的生存状况。按照组织生态学的观点，参考陆小成（2008）的分析，本书分别从生态动态、资源条件以及环境状况三个方面剖析种群环境对外来者劣势的影响。

（一）生态动态

生态动态通常描述的是既有生态状况对新进入企业的影响，一般表现为过去种群中的企业进入、组织死亡、种群密度，以及当前种群中的企业对新企业进入的影响。根据种群的动态性特征，种群中在位企业原有的进入或消亡等行为对当前企业成立的影响通常表现出一定的曲线效应，即伴随着新企业的不断进入，其他企业会逐步产生模仿同构行为，但当越来越多的企业在进行不断模仿时，又会间接增加他们自身所处环境的资源负荷，从而增加竞争压力，导致新进入的企业由于处于竞争弱势而死亡，最终退出市场。进一步地，当企业的死亡数量逐渐增加时，已死亡的企业会释放出更多先前占有的可利用资源，这些被释放的资源又会再次吸引新的企业进入，进而进入一个新的循环。需要说明的是，由于既有企业死亡而引发新企业的进入和生存是存在上限的，在一定程度上讲，既有企业的死亡很可能表示其生存环境的变化对企业成长有着不利影响，也可能同样会对新进入企业的信心产生消极影响。

另外，种群环境对于企业的死亡率也会产生影响。那些在成立初期就处在恶劣环境之下的企业，比处于一般环境下的企业的死亡率高，但如果能够度过这一困难时期，其适应能力较强，死亡率反而会比一般环境下的企业死亡率更低。布里坦和弗里曼（Brittain and Freeman，1980）以及德拉克洛瓦和卡罗尔（Delacroix and Carroll，1983）的研究均发现种群密度的增加，会使得新进入企业的死亡率增加，因为企业之间的竞争较为激烈时，企业难以获取和保持资源禀赋，特别是一些新厂商。安德森（Anderson，1988）的研究发现，因为新企业拥有的资源往往不足够充分，也难以很好地运用和维持技术弹性，因此处于技术动荡期的企业死亡的可能性会增加。总之，生态动态对于企业死亡的影响也会随着企业所处种群环境的变化而动态变化。

在上述分析的基础上，本书进一步考虑同行业集聚与同源国集聚在生态动态的条件下对企业生存以及外来者劣势的影响。虽然有关产业集聚的相关文献中，学者们分别从不同角度，基于不同的理论分析讨论了集聚相关的问题，但我们目前可以大致将同行业集聚理解为一个或多个相关行业中的企业及其参与者在地理位置上的集中，将同源国集聚理解为来自同一母国的企业在东道国地理位置上的集中。基于此理解，在生态动态条件下，同行业集聚和同源国集聚对企业生存进而外来者劣势的影响包括两个方面：一方面，同行业集聚和同源国集聚的情况相类似，集聚初期，进入种群内的企业的数量相对较少，其所处环境能够为种群内的企业提供所需的资源和环境要素，环境的资源负荷压力较小，竞争程度较低。无论是同行业集聚还是同源国集聚，均可以使得新进入的企业获得相关信息和资源的外溢所带来的正的外部性，有助于新进入企业的生存与发展，可以更快速地构建起合法性，因此，面临的外来者劣势较小。另一方面，伴随着越来越多企业的进入，其所处外部环境中的可用资源会变得日益稀缺，环境的资源负荷压力增加，种群内各企业之间会因为争夺有限的资源而产生的竞争加剧。此时，同行业集聚过程中由于面临相似资源的需求，竞争将会更加激烈；同源国集聚过程中也面临着诸如社会关系等资源的竞争，双重或多重因素的影响会导致一部分"体质"较差的企业在激烈的竞争中面临窘境，劣势增加，最终在竞争中被逐步淘汰。

（二）资源条件

资源条件会在一定程度上影响企业的成立与生存。当种群中还存在一些尚未被利用的冗余资源时，企业之间由于资源争夺而产生竞争的情况较少，因此，新进入的企业面临的竞争形势并不十分严峻，因而新进入的企业更容易生存下来，通常可以将这种情况称为环境尚有超额负载量（Brittain and Freeman，1980）。早期的一些研究表明，考虑到前期进入者的优势主要体现在种群中的超额负载量以及能够更为便利地获得价格相对低廉的资源，因此，种群中的超额负载量对于试图进入的企业更具吸引力。彭宁斯（Pennings，1982）研究美国都市地区塑料、通信器材及电子公司成立的频繁度，发现产业销售成长率、产业规模与资源可获得性对产业内组织成立有正向的关系。汉南和弗里曼（1987）在研究美国1836~1985年工会的成立率时，除了以销售额的增长状况衡量产业是否有超额需求外，也将资金成本作为环境变量，来衡量资源获得的便利性，研究发现，资金成本不仅会影响种群的出生率，也会影响种群的死亡率。巴内特（Barnett，1997）以美国酿酒业和宾夕法尼亚州的电话产业为研究对象，探讨了企业规模与组织结构复杂度对组织竞争能力和种群演化过程的影响，发现企业规模和组织结构复杂度既影响其竞争方式和存活能力，也影响着整个产业的协同演进。

基于以上分析，进一步考虑同行业集聚和同源国集聚在资源条件变化情形下对企业生存及外来者劣势的影响，主要体现在：一方面，子公司在进入东道国市场初期，相对于种群中的企业数量而言，外部环境中能够提供的各类资源较为充裕，完全可以满足种群内各企业的需要。此时，子公司进入市场并不断与当地同行业企业或同源国企业进行集聚时，不仅可以获得来自当地市场相对充裕的资源支持和补充，还可以获得由同行业集聚和同源国集聚产生的正外部性，同一种群内的合作关系也有利于子公司的生存与发展，这一阶段进入时合法性更强，面临的外来者劣势较小。另一方面，伴随着更多的企业不断进入东道国市场，当地既有的资源变得相对短缺，不仅难以满足新进入者的发展需要，而且还会由于企业间的竞争，既有企业不断制造各种壁垒，限制或阻碍新进入企业的国际化活动，因而，此时的同行业集聚或同源国集聚程度越高，越不可能形成信息和资源的外溢，合作关系土崩瓦解，子公司难以获得当地市场的合法性，面临的外来者劣势较大。

（三）环境状况

一般的，企业成立时的社会经济状况以及政治条件等因素会在一定程度上影响企业的出生率和企业的组织结构（Stinchcombe，1965），也会对新企业的进入产生影响。彭宁斯（1982）研究美国地区塑料、通信器材及电子公司成立的频繁度，也发现社会的人口统计、经济状况及地区移民认识会影响组织成立。德拉克洛瓦和卡罗尔（1983）验证报社的成立与政治的动乱关系，发现政治动乱释放出的资源使企业家能成立新的组织。由以上相关研究得知，社会、经济、政治、劳动成本等条件，会对厂商出生数（率）产生影响。汉南和弗里曼（1987）对工会的研究发现，景气、劳动成本、失业率、资本投资和国民生产总值会影响厂商进入率。巴内特（1990）以美国电话产业死亡率的变化过程，探讨产业技术的演变对于种群生态和群聚生态的影响，并推论产业中若具有共同的技术标准与互补性的技术差异，可以促进产业内组织间的相互合作关系；反之，不兼容的不相互补的技术，则造成产业内组织间的竞争与产业的分散现象。

综合以上分析，进一步考虑同行业集聚和同源国集聚在环境状况变化情形下对企业生存及外来者劣势的影响，可以基于以下两个方面进行理解：一方面，由于东道国市场的经济状况、政治动乱、移民认知以及产业技术的发展演变等因素都影响着进入企业的生存和发展，因此，当子公司进入具备上述条件的东道国市场时，当地既有的同行业集聚和同源国集聚可能会由于企业间的合作与互利对子公司的生存产生积极影响，有利于子公司克服可能面临的外来者劣势；另一方面，当子公司进入不具备上述条件的东道国市场，并试图与当地的同行业企业或同源国企业进行集聚时，动荡的外部环境，加之种群内企业间的竞争，会对子公司的生存产生消极影响，加重了子公司面临的外来者劣势。

二、基于种群密度的集聚对外来者劣势的影响分析

种群生态学重点讨论了组织种群与其所处外部环境之间的关系。赫曼（Human，1987）将种群生态学的理论引入经济学领域中，并将企业加入集群比作种群的出生，将企业退出集群比作种群的死亡，将企业的整体运营过程视为种群的成长或演化过程，指出种群密度影响着企业的进入、运营和退出等一系列活动，这一研究结论对于丰富种群生态学理论以及集聚等相关问题的研究具有重要的指导意义。

（一）种群密度依赖的演进规律

种群密度的概念源于生态学理论，多指处于同一环境的相同物种的数量。就企业组织而言，种群密度对于新组织形式的设立产生影响可以具体分为合法性阶段和竞争性阶段两个不同的过程（Hannan and Freeman，1977）。一方面，当种群密度较低时，新进入的企业更容易获取合法性并占据主导位置，随着新进入组织数量的不断增加，其合法性会得到强化，合法性的加强进一步增加新组织可能获得的收益，并不断吸引更多的组织进入该种群。此时，随着种群密度的增加，组织的成立率也不断增加。另一方面，当种群密度进一步增加并达到较高程度时，新组织数量的增加所产生的合法性效用会逐渐减弱，已有组织会因为争夺有限的稀缺资源而展开竞争，新组织进入种群所面临的竞争性压力也会随之增强，合法性的作用不再显著，此时竞争性压力增强并逐渐发挥主导作用时，组织的设立率不断下降。总体而言，在新组织的成立过程中，随着种群密度的增加，合法性将以递减的方式加速降低，而竞争性则以递增的方式加速增强，并最终在合法性与竞争性过程的共同影响下，组织设立率与种群密度之间表现出倒"U"型关系（Carroll and Hannan，1989；周楠等，2009）。

随着研究的不断深入，学者们将这一概念逐渐引入跨国公司的相关研究，

特别是有关企业国际化行为的研究中（Chang and Park，2005）。考虑到跨国公司可能会通过处于同一种群的其他企业或者种群中的利益相关者所拥有的资源，来进一步降低跨国公司自身对东道国资源的依赖，跨国公司在国际化扩张过程中，其所处种群的种群密度会对跨国公司的国际化行为产生促进作用。其中，跨国公司对东道国环境的依赖可以具体从两个方面进行分析：一方面，跨国公司所处种群自身可以为其提供包括供应商或客户等在内的关键性资源，新进入的企业常常需要借助模仿同构行为获取有利于决策制定的有效信息；另一方面，跨国公司所处种群中既有的利益相关者也可以为其提供所需资源，这是因为来自同一种群的成员常常拥有类似的要素禀赋和制度结构，在制定决策时，各成员的认知和判断也逐渐趋同，进而采取相类似的行动。研究表明，组织种群的存在，不仅会增加资源供应者的数量，也能在一定程度上提升支持者的质量（Newbe and Tornikoski，2011）。

（二）种群密度对集群演进的影响

除考虑种群密度外，在讨论组织种群的演化时，还应该进一步补充其他可能的影响因素，例如，行业种群演化的不同阶段、组织种群演化时所面临的环境以及组织本身的生存能力等。在行业演进的不同阶段，组织进入种群的门槛存在差异，当某一行业处于形成阶段时，组织相对比较容易进入；当某一行业处于成熟阶段时，则组织进入难度相对较大。

将种群密度的相关理论和研究成果应用于集群演进的分析中，可以发现产业集群生态位具有一定的特性，比如，集群的资源特征、市场需求特征、制度结构以及技术创新能力等，这些特性与其生存环境存在一定的互动关系。借鉴赵进（2011）的研究，结合前述种群成长模型，本书分别基于生态位分离模型和生态位重叠模型，讨论在合法性阶段和竞争性阶段时，同行业集聚和同源国集聚对企业生存及外来者劣势的影响。

1. 基于生态位分离模型的分析：合法性阶段

为避免过度竞争带来的不必要损失和伤害，实现种群内企业之间的共生与协同演进，生态位分离成为企业所处群落协同演进的形式之一。生态位分离是由于集群企业之间存在竞争，各成员选择从自身潜在生存和发展空间中退出，以消除生态位重叠和过度竞争的一种生态现象，也可以认为生态位分离是企业为满足目标顾客的不同需求，逐步适应环境变化，在所处环境的各个维度上所呈现出的不同的空间分离与发展趋势。

生态位分离的方式可以是不同集群企业对不同要素禀赋的需求和消耗，也可以是不同企业次序进入同一集群，还可以是集群企业在既定时间内占据不同的市场，等等。正是由于群落中各种资源要素发挥不同的作用，被不同企业所利用，才出现了不同的生态位。通常情况下，产业集群内部，那些实力相当且相互竞争的企业为了能够生存，不被竞争对手打败，常常会进一步强化自身的部分特征，突出个性，通过形成独特的管理理念和经营方式，构筑特征鲜明的良好企业形象，在群落内部实现竞争均衡并协同演进。当然，在竞争过程中，相对弱势的企业，为了能够实现生存与发展，往往会尽量避免与优势对手在相同或相似领域的竞争，开辟新的领域，实现生态位分离。

陆小成（2008）以生态位理论为基础，结合集群演化的特征及生态位变化规律，基于 LV 模型的捕食竞争关系，分析了集群生态位重叠、集群生态位分离结构模型，较为系统地阐述了生态位整合的协同性、共生性以及创新性等核心运行机理。赵进（2011）从生态学视角出发，通过对比产业集群与自然生态系统，分析了集群生态系统的基本构成与主要特点，并在进一步剖析集群生态系统协同演进的基础上，基于 LV 模型和集合种群模型，讨论了集群系统的时空结构。

本书在陆小成（2008）的研究基础上，进一步分析基于生态位分离模型的同行业集聚对子公司生存进而外来者劣势的影响。假设 Fz 和 F 分别表示 n 个同行业集群企业间的生态位总结构分离矩阵以及综合分离值，F_{ij} 表示第 i 个、第 j 个同行业集群内企业的结构分离矩阵，F_{ij}^{R}、F_{ij}^{T}、F_{ij}^{I}、F_{ij}^{M} 分别表示第 i 个、第 j 个同行业集群内企业在资源、技术、制度、市场空间等相关变量上的分离矩阵，f_{kh} 表示第 i 个、第 j 个集群内的企业在 k、h 维度上的分离值，且当 $k \neq h$ 时，$f_{kh} = 0$，则可得到一个 n 阶矩阵，矩阵中存在 n 个同行业集聚企业：

$$F = \begin{bmatrix} 0 & F_{12} & F_{1i} & F_{1n} \\ F_{21} & 0 & F_{2i} & F_{2n} \\ F_{i1} & F_{i2} & 0 & F_{in} \\ F_{n1} & F_{n2} & F_{ni} & 0 \end{bmatrix} \qquad (3-8)$$

$F_{ij} = (F_{ij}^R \quad F_{ij}^L \quad F_{ij}^M \quad F_{ij}^T)$ 表示在资源、技术、制度、市场空间等不同变量上的分离矩阵，进一步考虑变量维度（1，2……，i，m）的情况时，则有：

$$F_{ij}^N = \begin{bmatrix} f_{11}^N & 0 & 0 & 0 \\ 0 & f_{22}^N & 0 & 0 \\ 0 & 0 & f_{ii}^N & 0 \\ 0 & 0 & 0 & f_{mm}^N \end{bmatrix} \qquad (3-9)$$

以此类推，可以分别得出 F_{ij}^T、F_{ij}^I、F_{ij}^M，式中 $F_{ij} = F_{ij}^M$。

$$F_1 = W_1 \times \sum_{k=1}^{M} \sum_{h=1}^{M} P_{kh}^R \times f_{kh}^R + W_2 \times \sum_{k=1}^{Q} \sum_{h=1}^{Q} P_{kh}^T \times f_{kh}^T$$

$$+ W_3 \times \sum_{k=1}^{R} \sum_{h=1}^{R} P_{kh}^I \times f_{kh}^I + W_4 \times \sum_{k=1}^{T} \sum_{h=1}^{T} P_{kh}^M \times f_{kh}^M \qquad (3-10)$$

$$F_d = (\max_{k=h}\{f_{kh}^R\}, \max_{k=h}\{f_{hk}^T\}, \max_{k=h}\{f_{kh}^I\}, \max_{k=h}\{f_{hk}^M\}) \qquad (3-11)$$

其中，W、P_{kh}^R、P_{kh}^T、P_{kh}^I、P_{kh}^M 分别为变量间的权重以及各个维度之间的权重。

根据上述分析可知，假如两个企业之间存在生态位分离，则可以认为市场中存在未被充分挖掘和利用的生态位资源维度，企业之间的竞争并不激烈，也可能还存在潜在的生态位空间，此时，新进入的企业在利用东道国当地市场资源时遇到的阻力较小，同时还可以获得同行业企业的技术外溢等，更容易在当地市场实现生存。如果新的竞争足够激烈，甚至威胁到企业之间的生存和发展，则上述企业必然需要进行生态位的进一步分离。因此，在一定程度上讲，企业之间的竞争既可以促使企业之间生态位的接近，也可以促使企业之间生态位的分离。上述分析只讨论了同行业集群内的情况，同源国集群内的情况与其相类似，这里不再赘述。

2. 基于生态位重叠模型的分析：竞争性阶段

当企业处于同一外部环境中时，往往会面临相同或相似的资源需求。假如将 X 和 Y 分别视为两个企业，则在此情形下，会不可避免地面临生态位重叠现象。生态位重叠意味着两个企业在生态位上的相似程度较高，具体表现在诸如对同一类资源具有相似的利用程度，对市场需求或制度结构等具有类似的度量，等等。

生态位重叠本质上就是拥有此生态位的企业之间存在相似性，进而引起企业在其所处环境中由于直接利益冲突所产生的彼此之间的竞争，重叠程度越高，说明两个企业在资源获取、市场需求、制度结构等方面的相似程度越高，其直接利益冲突以及竞争程度就越高。反之，如果两个企业的生态位重叠程度越小，可以认为彼此之间更趋于多样性，异构性越强，其直接利益冲突以及竞争程度相对较小。事实上，企业之间的生态位重叠适度才应该是一种理想的状态，既要有一定程度的重叠，又需要在重叠的范围、结构和程度等方面存在一定的差异，也就是说，即便是来自同一集群的企业，企业与企业之间也应该保持适度的多样性和适当的竞争程度。

同样借鉴陆小成（2008）的观点，本书进一步分析基于生态位重叠模型和 LV 模型的同行业集聚对子公司生存进而外来者劣势的影响。与生态位分离模型相类似，假设 Dz 和 D 分别表示 n 个企业间的生态位总结构重叠矩阵和综合重叠值，D_{ij} 表示第 i 个和第 j 个企业的结构重叠矩阵，D_{ij}^R、D_{ij}^T、D_{ij}^I、D_{ij}^M 分别表示第 i 个和第 j 个企业在资源、技术、制度、市场空间等相关变量上的重叠矩阵，d_{kh} 表示第 i 个、第 j 个企业在 k、h 维度上的重叠值，且当 $k \neq h$ 时，$d_{kh}=0$，因此，可得到一个 n 阶矩阵，矩阵中存在 n 个同行业集聚企业：

$$D = \begin{bmatrix} 0 & D_{12} & D_{1i} & D_{1n} \\ D_{21} & 0 & D_{2i} & D_{2n} \\ D_{i1} & D_{i2} & 0 & D_{in} \\ D_{n1} & D_{n2} & D_{ni} & 0 \end{bmatrix} \quad (3-12)$$

$D_{ij} = (D_{ij}^R \quad D_{ij}^T \quad D_{ij}^I \quad D_{ij}^M)$ 表示在资源、技术、制度、市场空间等不同变量

上的重叠矩阵，进一步考虑变量维度（1，2……，i，m）的情况时，则有：

$$D_{ij}^{N} = \begin{bmatrix} d_{11}^{N} & 0 & 0 & 0 \\ 0 & d_{22}^{N} & 0 & 0 \\ 0 & 0 & d_{ii}^{N} & 0 \\ 0 & 0 & 0 & d_{mm}^{N} \end{bmatrix} \qquad (3-13)$$

以此类推，可以分别写出 D_{ij}^{T}、D_{ij}^{I}、D_{ij}^{M}，式中 $D_{ij} = D_{ij}^{M}$。

$$D_1 = W_1 \times \sum_{k=1}^{M}\sum_{h=1}^{M} P_{kh}^{R} \times d_{kh}^{R} + W_2 \times \sum_{k=1}^{Q}\sum_{h=1}^{Q} P_{kh}^{T} \times d_{kh}^{T} + W_3$$

$$\times \sum_{k=1}^{R}\sum_{h=1}^{R} P_{kh}^{I} \times d_{kh}^{I} + W_4 \times \sum_{k=1}^{T}\sum_{h=1}^{T} P_{kh}^{M} \times d_{kh}^{M} \qquad (3-14)$$

其中，W、P_{kh}^{R}、P_{kh}^{T}、P_{kh}^{I}、P_{kh}^{M} 分别为变量间的权重以及各个维度之间的权重。

进一步结合竞争性阶段的 LV 模型，类似种群之间的竞争，考虑同行业集群内的其他企业，其规模用 n_2 表示。当两个企业都需要相同类型的资源来维持时，如果同行业集群中任何一个企业的增加都会降低另一个企业的增长率，则这两个企业之间被称为竞争关系，此时，竞争模型可以表示为：

$$\frac{dn_1}{dt} = r_1 n_1 \left(\frac{k_1 - n_1 - \alpha_{12} n_2}{k_1} \right)$$

$$\frac{dn_2}{dt} = r_2 n_2 \left(\frac{k_1 - n_2 - \alpha_{21} n_1}{k_2} \right)$$

其中，如前所述，n_1 和 n_2 分别为两个企业的规模，r_1 和 r_2 分别为两个企业的内在成长率，k_1 和 k_2 分别为环境对两个企业的负载容量，α_{12} 和 α_{21} 分别为两个企业的竞争系数，表示一个企业的成长对另一个企业成长的影响大小，竞争的唯一后果是降低企业的环境承载能力。当且仅当 $\frac{1}{\alpha_{21}} < \frac{k_2}{k_1} < \alpha_{12}$ 情况出现时，同行业集群系统才会存在较为稳定的平衡。同源国集群系统的情况与此类似，这里也不再赘述。

综上所述，在上述生态位分离模型和生态位重叠模型分析的基础上，可以认为种群密度与跨国公司子公司生存之间存在着由合法化和竞争性两个阶段共同作用的倒"U"型关系，与子公司面临的外来者劣势之间存在着两个阶段共同作用的"U"型关系。即当种群密度较小时，企业之间的合作所带来的收益要大于两者竞争所产生的成本，这时跨国公司更倾向于进入东道国市场，面临的外来者劣势较小。但随着进入东道国的企业数量的增加，彼此之间的竞争变得日益激烈，对子公司进入东道国市场形成壁垒，面临较高程度的外来者劣势。

第四章
集聚对外来者劣势的影响

在前面文献综述和理论推演的基础上，本章将基于种群生态学理论和集聚经济理论，结合种群演化的合法化阶段与竞争性阶段，依据外来者劣势的信息不对称和合法性缺失来源，系统探讨同行业集聚与同源国集聚通过影响信息不对称和合法性缺失，进而对外来者劣势产生影响的主要机理。

第一节　理论分析与研究假设

按照前面的分析，种群早期被认为是在一个特定边界内具有一定公共形式的所有组织构成的组合，即存在于特定系统中的组织（Hannan and Free-man，1977）。将种群的概念应用于管理学的分析中，多将公共形式视为同一行业，如酒店行业（Chung and Kalnins，2001）、制造业（Shaver and Flyer，2000），等等，因此，学者们常常采用同一行业中的组织数量来衡量种群密度（Hannan and Freeman，1987）。同时，考虑到来自同一母国的外来投资者通常具有相似的背景，一些学者也将这类企业划归为同一种群（周楠等，2009；郭骁，2011；薛求知和李倩倩，2011）。因此，可以将种群分别理解为来自同一行业的企业和来自同一母国的企业。由于上述两类企业在企业间关系、利益与成本等方面存在差异，管理学领域的学者也进一步呼吁，有必要从多个角度对这两类企业的集聚行为进行更为系统地剖析。

一、集聚相关理论

早期有关产业集群的研究，大致可以按照时间顺序分为传统产业集群理论阶段以及现代产业集群理论阶段。其中，传统产业集群理论阶段自 19 世纪末到 20 世纪中期，包括马歇尔对于产业区的阐述、韦伯对于工业区位的分析，以及帕鲁的增长极理论等。进入 20 世纪 70 年代之后，一些发达资本主义国家陆续进入后工业时代，信息和知识也相继取代物质生产资料与资金，并一度成为核心生产要素，使得企业的集聚机制也发生了较大的变化。在此背景下，学者们凭借自身敏锐的"嗅觉"，不断挖掘其中的宝藏，相继产生了一系列具有创新性的概念与理论模型。

（一）传统产业集群理论

作为新古典经济学的创始人，马歇尔（1920）最早从"外部经济"的视角对产业集群的相关问题进行了较为深入的剖析，通过将产业集群与大企业功能进行比较，他以"地方性工业"来形容集聚，指出集聚主要源于当地的自然禀赋与政府奖励，并认为产业集聚的产生主要源于以下原因：首先，当地理位置相近时，信息和知识更易于交流与传播；其次，当地理位置相对集中时，能够大大促进生产向专业化方向迈进，生产成本会因分工精细而降低，但生产效率会随之有所提高，在减少用人单位资讯收集成本的前提下，企业的集聚行为有助于人力资源共享。马歇尔在阐述以上问题的同时，主张外部性会对工业聚集产生相当重要的影响，同时也明确指出外部性经济是产业聚集产生的根本原因。自马歇尔（1920）开创性地研究英国工业区外部经济开始，人们便对现在被称为集聚经济的事物产生了浓厚而持久的兴趣（Urzelai and Puig, 2019）。企业是在其他企业、组织构成的环境中经营和发展起来的，所以，企业和组织要与其周围的其他企业和组织进行交流与沟通（Lu et al., 2022）。它可以通过选择特定区位的集群企业，从而实现集聚经济（Krugman，1990），这种集聚的好处是"通过一个特定空间中彼此靠近的独立企业间的连接"创造的（Kim and Aguilera，2016）。马歇尔对集群研究作出的最大贡献在于，他发现了一种产生集聚的协同创新的环境（李舸，2008），这种协同创新环境在后来的新经济时代，逐渐成为产业集聚的核心要素。虽然马歇尔已经意识到产业区域内企业之间的协同互动有助于创新活动的开展，但囿于当时所处时代的局限，对于集聚产生的非物质原因并未得到更好的挖掘（周文，1999）。

德国经济学家韦伯在其《工业区位论》一书中，最早提出了产业区位理论，并从微观企业的区位选择视角，系统剖析了产业集聚的形成原因，认为企业仅仅通过自身的扩大来产生集聚优势是早期的一种表现，渐渐地，各企业会日益实现通过相互联系的组织实现专业化，并运用等费用曲线分析法定量分析了工厂的最佳选址问题。韦伯认为之所以会出现产业集聚，主要是因为生产成本下降会带来生产活动成本的降低，集聚区的形成既可以节约生产成本，又可以减少相应的交易成本和运输成本（Grashof，2021），有利于企业的发展。但韦伯的区位理论较为简单地从资源和能源角度出发，忽略了社会文化以及制度因素等对于产业集聚的影响，很显然，制度文化的影响潜移默化，不容忽视，因此，韦伯的区位理论在一定程度上属于一种脱离现实的理想化的理论。

法国经济学家帕鲁认为由核心主导部门和拥有创新能力的企业在特定区域的集聚，可以形成经济活动中心，这些经济活动中心能够产生吸引或者辐射作用，推动并促进其他部门或地区的经济增长，并将这一观点称为"增长极"理论。该理论提出之后，许多经济学家从多个角度不断丰富和发展了增长极理论，比如，循环累积理论认为地区经济发展存在扩散效应与极化效应，当某些地区先行发展并累积了一定的发展优势时，政府需要采取一些不平衡的发展战略，重点投资并优先发展那些增长势头强的地区，以获得更好的投资效率与更高的增长速度，然后再通过这些地区的扩散效应来带动其他地区的发展。

整体而言，传统产业集群理论多认为经济地理环境对于企业选址具有重要影响，那些与原材料产地临近、交通地理位置更便利优越的地区，能够为企业节约更多的运费与其他成本，也更容易被选择。

（二）现代产业集群理论

伴随着企业集聚行为的变化以及企业集聚机制的演化，产业集群的相关理论也得到了进一步的丰富与发展，逐渐形成现代产业集群理论，包括新产业区理论、企业网络理论以及竞争优势理论，等等。20世纪70年代末期，一些中小企业的生产方式开始从大批量标准化生产逐渐转化为小批量定制化生产，企业之间的信息沟通更频繁，企业之间进行集聚的主要目的已经不再是简单的降低运费，更多考虑的是企业之间的交易费用。企业是否进行集聚的决定因素已经由原来的劳动成本转变为集群所处区域的制度环境、文化背景的因素。同时，集群内的企业之间可能会出现竞争与相互协作的现象。

进入20世纪80年代，网络的概念日益引起人们的关注，学者们将其应用于分析企业与企业以及企业与市场之间错综复杂的关系，逐渐形成企业网络理论。由于网络的概念超越了一般意义上的社会经济组织形式，一些学者进一步出于交易费用的考虑，认为企业通过集聚的方式加入企业网络中，可以获得较好的收益。一方面，基于平等互利原则，网络中的各企业更易于建立起信任关系，便于开展长期稳定的合作，从而实现长期利益最大化；另一方面，网络中各企业之间的交流方式更多样化，沟通渠道也更丰富，沟通更便捷高效，有利于企业综合考虑自身在网络中的位置，认清现实情况，实现网络中各企业之间的优势互补与共同成长。

之后，进入20世纪90年代，以波特为代表的竞争优势理论出现，该理论系统阐述了产业集群与竞争优势之间相对复杂的关系，认为产业集群就是聚集于特定区域的一群相互关联的企业或机构组织，诸多中小企业在地理空间上的集中成为产业集群的一种常见形式。产业集群之所以能够产生竞争优势，一方面是由于外部经济性的存在，诸多中小企业集中于集群内，能够实现更专业化的分工协作，不断提高生产效率，从而产生外部经济性，使得集群内的企业均受益；另一方面，依托于地理位置的临近所形成的集群，集群内的企业之间更容易建立起相互依赖和相互信任的关系，避免机会主义行为的产生，有利于经营活动的有序进行。同时，那些拥有专业化人才的集群，也更容易吸引优秀人才的加入，形成马太效应，从而降低集群内企业信息搜寻成本和人力成本。另外，产业集群也可能在企业之间形成模仿效应，面对激烈的市场竞争，集群内的企业通常会不断进行技术创新和管理创新，期望在目标受众中间不断构筑起良好的品牌形象和企业声誉，增强目标消费者的购买欲望，满足消费者的需求，从而实现自身的价值。

二、同行业集聚与外来者劣势

对集聚外部性问题进行研究，其中一项重要的内容就是知识外溢问题，即企业知识与技术创新可以通过各种途径扩散到外部企业，进而促进区域内相邻企业进行创新，促进产业整体效益的提升。早期的研究在探讨同行业企业聚集问题时发现，同行业集聚对集群整体的发展是有利的，即在一定的产业内，地理位置接近的企业，它们之间可以非常便利地开展技术与人才交流，推动知识和技术的溢出与扩散。

同行业集聚通常是一个或多个相关行业中的企业及其参与者在地理位置上的集中（Pandit et al.，2018）。马歇尔（1920）指出，东道国当地的产业集群之所以能够吸引外来投资企业，主要是因为同行业集聚存在劳动力市场集聚、投入共享和知识溢出三种正外部性。波特（1980）对其观点进行补充后指出，同行业集聚还能促进企业间的互补合作以及改善对市场和技术趋势信息的获取，这也是吸引外来企业的一个重要原因。行业间的信息溢出是企业获取信息和知识的重要来源，同行业集群内的企业建立彼此的社会关系后，能够相互传递行业间隐性的信息和知识，这类信息和知识与企业经营所需的资源具有更高的适配度，可以很大程度上减少企业异国经营时因信息不对称导致的不熟悉危害与歧视性危害（Zeng and Qin，2017）。

此外，同行业集聚背景下，集群内的合法性外溢是跨国企业获取合法性的一个重要来源。波兰克和罗莎（Porac and Rosa，1996）研究跨国企业区位选择的影响因素时表示，行业往往可以成为"关于企业特征和行为的信息库"。因此，在进行决策时，外国企业可能会将在东道国已经建立的同行业其他外国投资者视为认知相关的身份群体，并评估他们在东道国市场上的合法性程度（Fernhaber，2014；Henisz and Delios，2001）。同样，集群内的企业也能够获得由区位认同带来的东道国利益相关者的积极看法，通过在位企业已经建立的合法性来加速自己的合法化进程（McKendrick et al.，2003；周楠等，2009）。薛求知和李倩倩（2011）以中国跨国公司为样本，证实了同行业集聚密度的增加能够促进该区域内跨国企业合法性的提高。而合法性的提高能够降低子公司的关系风险和歧视性风险。

按照种群生态学的观点，当种群内的数量超过某个阈值时，种群将由最初的合法化阶段演化至竞争性阶段（Hannan and Freeman，1989），这是因为当种群内的成员争夺有限的公共资源时，成员间就会产生竞争（Hawley，1950），此时种群内的企业可能会因激烈的竞争而遭受更大的劣势。我们也可以结合种群密度的概念理解这一过程，种群密度对于新组织的设立有着重要的影响，这一影响过程也可以分别从合法化和竞争性两个过程分析。当种群内企业数量较少时，种群密度较低，此时合法化进程占据主导，种群内的企业更关注合法化问题。随着加入种群的企业越来越多，新企业的合法化得到加强，也会进一步吸引更多的企业加入进来，新企业的成立率不断提升。但是，当种群密度达到较高程度时，新企业数量的增加所引发的合法性效用会逐渐减弱，已有企业会因为争取有限的资源而展开竞争，新企业试图进入种群时所面临的压力会逐渐增强。当合法性的作用不再占据主导，而竞争性的作用在不断增强并逐渐发挥主导作用时，新企业的设立率就会不断下降。总体而言，合法性随着种群密度的增加以递减的方式加速实现下降，而竞争性则随着种群密度的增加以递增的方式加速实现增长。

在合法化阶段，子公司进入同一行业的集群，不仅可以获得东道国市场经营的一般化知识，还可以获得更为关键的同行业专业知识和信息，受益于双重正外部性的影响，新进入的子公司能够快速构建起合法性，在东道国市场开展经营活动，此时，子公司面临的外来者劣势较小。

当进入竞争性阶段后，由于存在同一行业、同一地区竞争对手获取信息与知识的风险，集群内的企业逐渐开始避免自身信息和知识的外溢，导致子公司的信息获取成本急剧增加，不熟悉危害加剧。同行业集群内的合法性随企业数量的增加而减少，而竞争性则随企业数量增加而增加。比如庄和阿尔卡塞（Chung and Alcacer，2002）的研究发现，为了保护其技术，以防外溢，技术先进的大型企业选择避开与其他同行业企业共同定位。因此，本章提出以下假设：

假设 4 - 1：子公司面临的外来者劣势与东道国的同行业集聚水平呈"U"型关系。即子公司面临的外来者劣势随着同行业集聚水平的提高而降低，当到达一个阈值后，子公司面临的外来者劣势将随着同行业集聚水平的提高而逐渐增加。

三、同源国集聚与外来者劣势

伴随着同行业集聚相关研究的日益成熟，一些学者也开始更加关注同源国集聚问题（Tan and Meyer，2011）。同源国集聚一般是来自同一母国的企业在东道国地理位置上的集中（周楠等，2009；薛求知和李倩倩，2011），具体表现为来自同一母国的海外子公司，倾向于跟随同源国企业在某一特定区域内形成同源国集聚，期望能够通过这样的方式进一步减少交易成本，并获取集聚利益。相较于同行业集聚中较多强调地理位置的邻近，诸如认知、制度环境以及社会习俗等方面的邻近，对于同源国集群内企业间的资源和知识流动也有着不容忽视的重要影响（Boschma，2005），特别是在国际商务环境下，来自同一母国的潜在环境的影响，可能比单纯地理位置上的邻近有着更丰富、更多层次的意义。李等（Lee et al.，2014）在讨论日本制造业企业进入韩国市场时的对外直接投资区域选址决策时，发现来源国影响的强有力证据，认为日本的高科技产业对外直接投资表现出较为典型的"跟随领导者"形式，低技术产业投资则受区域禀赋影响较大。

同源国集聚主要体现为跨国公司在进行对外直接投资时，为降低母国与东道国之间在文化、制度环境、商业习俗等方面的差异对子公司可能产生的负面影响，跨国公司倾向于依据东道国市场在位的来自同一母国的企业的经营情况判断投资区位，用以降低经营风险，尽早地融入当地市场，实现在东道国市场的立足与站稳。

跨国企业在海外经营过程中通常承担着较高的信息收集成本，一方面，外来者的身份，使得海外子公司在获取东道国市场信息时常常会遭遇天然的屏障；另一方面，信息与知识不仅具有一定的隐性特征，还存在较大的黏性，知识并不只是在集群中地理位置相近的企业之间自由流动，还会受到社会关系的影响（Guillen，2002），因此，知识和信息的交换程度取决于两个组织间关系的质量。当两个组织间的关系较为紧密时，知识和信息的交流就更顺畅。当两个组织间的关系较为稀疏时，会限制知识和信息的传递。对于在当地环境中具有高度外部性的外国投资者来讲，同源国集聚是获取当地知识和信息的重要来源，因为同源国集群内的企业具有相同的母国，相似的成长背景和语言与文化特征，彼此之间更容易建立起较为稳定的信任关系（Chang and Park，2005），这种较高程度的信任关系可以促进同胞企业之间的沟通和信息传递，从而加快跨国公司对东道国市场环境和机构的了解，降低知识转移成本。不容忽视的是，组织间信任关系的建立，在某种程度上还依赖于个人层面的影响，由于来自同一国家，员工之间容易形成天然的亲近感，因而更容易通过个人交往建立起信任的社会联系，这种坚固的信任关系能很较好地克服企业信息不对称的问题（Change and Park，2005），从而降低不熟悉风险和歧视性风险。

同源国集聚还有利于子公司获取合法性。一方面，新进入者可以受益于同源国企业在当地已经建立的合法性（Auster and Aldrich，1984）。这些优势可以帮助子公司减少可能遭遇的外来者劣势和局外人劣势。换句话说，与同源国企业集聚，可以在较大程度上降低当地投资风险的影响（Bonaglia et al.，2007），缓解经营困境。同源国集聚水平越高，集群所产生的合法性溢出效应越强，子公司可以充分利用这种溢出效应来提升自身的合法性（Kostova and Zaheer，1999；王疆和江娟，2017）。另一方面，子公司还可以向邻近的来自同一母国的企业学习，积累有效应对东道国合法性要求的经验，且之前相似的国内商业实践使得子公司更容易与同源国集群内的企业保持行为一致，从而受益于集群已经建立起来的当地合法性（Tan and Meyer，2011），因此，在一定程度上能够减少子公司的歧视性风险和关系性风险。

同理，进入竞争性阶段后，同源国集群内的企业就可能会逐渐产生竞争，集群内企业原有的信任关系将土崩瓦解，集群内的合作效应不再占据主导地位，此时，企业获取信息的难度加大，信息不对称问题更加严峻。此外，为了从集群中获益，企业的恶意竞争可能会使同源国集群的合法性受到东道国利益相关者的质疑，从而遭遇更大的外来者劣势（杜晓君，2014）。因此，本章提出以下假设：

假设4-2：子公司面临的外来者劣势与东道国的同源国集聚水平呈"U"型关系。即子公司面临的外来者劣势随着同源国集聚水平的提高而降低，当到达一个阈值后，子公司面临的外来者劣势将随着同源国集聚水平的提高而逐渐增加。

四、同行业集聚与同源国集聚对外来者劣势的共同影响

考虑到同行业集聚与同源国集聚可能会对外来者劣势共同产生影响，因此，仍有必要进一步讨论两者同时发挥作用时的情形。正如谢弗和弗莱尔（Shaver and Flyer，2000）的研究所述，由于同行业集聚与同源国集聚的溢出效应不同，导致具有不同组织结构和战略的企业对东道国集群的选择存在差异。具体而言，同行业集聚主要溢出当地市场化的知识和信息，有助于建立起东道国利益相关者对子公司的行业认同；而同源国集聚一般溢出当地一般化的知识和信息，帮助企业之间建立起稳固的信任关系，有助于后进入的企业获得内外部合法性（潘镇，2015）。

在同行业集聚的情形下，集群内的企业能够相互传递与自身所需资源具有高度适配度的更具专业化的信息和知识，帮助企业迅速掌握东道国当地市场的相关信息，减少由于不熟悉等造成的成本和困境，更快地获得合法性。

此时，如果子公司还可以实现与同源国企业的集聚，建立在地缘基础上的信任关系会使得既有的同源国企业为其提供一些有关当地风土人情、注意事项等方面的帮助，产生骑背效应，有助于削弱可能遭遇的外来者劣势。

当然，随着种群密度的进一步增加，同行业集群内的企业也可能会出现竞争，由于竞争关系的存在，集群内的企业之间表现出一定的排斥隐秘信息外溢的情形（Tan and Meyer，2011）。因此，当面对高度隐性或者敏感信息，特别是行业内的专业化知识时，同行业企业的排他性表现得更为明显。此时，子公司可以进一步通过与同源国企业进行集聚，弥补一部分同行业竞争带来的消极影响。与此同时，子公司合法性的构建同样也依赖于来自同一母国的企业之间高水平的信任关系，东道国利益相关者在对跨国企业及其子公司的合法性身份进行评判时，不仅要参考该行业的合法性，也会考虑同一来源国企业已经建立的合法性。当既有同源国企业的合法性程度较高时，东道国利益相关者可以据此判断新进入的子公司相对更受当地市场和消费者的欢迎，其接受程度也会更高。综合以上分析，本章提出以下假设：

假设 4 - 3：东道国的同行业集聚水平和同源国集聚水平都高时，子公司面临的外来者劣势更小。

第二节　实证分析

一、样本选择与数据来源

（一）样本选择

为检验前述假设，本章以在欧洲运营的中国制造业跨国子公司为样本，采用样本企业 2011~2021 年的数据，讨论同行业集聚与同源国集聚对外来者劣势的影响。样本选择主要基于以下考虑：

第一，中国的对外直接投资规模庞大。根据商务部、国家统计局以及国家外汇管理局联合发布的《2021 年度中国对外直接投资统计公报》，面对新冠疫情的严重影响，2021 年中国对外直接投资流量仍然达到 1788.2 亿美元，比 2020 年增长了 16.3%，并且连续十年位居全球前三。2022 年，中国对外直接投资流量达 1465 亿美元，中国在外部环境的不利影响下，仍然实现对外投资的进一步平稳发展。不容忽视的是，虽然中国经济的飞速发展取得了举世瞩目的成绩，经济实力也在不断壮大，但中国仍然是发展中大国，作为新兴经济体，中国的跨国公司在开展国际化经营过程中仍然面临着较为严重的外来者劣势。因此，讨论中国企业国际化进程中的外来者劣势问题具有比较典型的代表性，明晰了中国企业面临的外来者劣势问题，也就在很大程度上明确了许多发展中国家可能遭遇的问题，选取中国的跨国子公司更具代表性和借鉴价值。

第二，之所以选择欧洲市场作为东道国市场，是因为：一方面，虽然从全球范围来看，中国的对外直接投资遍布包括北美、南美、亚洲以及欧洲在内的各大洲，且以较为成熟的发达市场为主，特别是美国。但由于讨论进入美国市场面临的外来者劣势较为单一，且近年来受到一些非简单经济因素的影响，会造成研究结构存在一定程度的偏差。同时，欧洲市场也是多年来中国跨国公司较为重视的市场，加之欧洲市场涉及国家多样，比较契合本书的研究背景。另外，据欧盟投资观察的报告显示，即便是在新冠疫情的严重影响之下，中国对欧洲的直接投资仍然从 2020 年的 79 亿欧元增加至 2021 年的 106 亿欧元，欧洲市场依然是中国需要重点关注的市场。另一方面，欧洲许多国家属于制造业质量驱动型，对于外来制造业企业，特别是来自新兴经济体的跨国公司往往存在一定程度的歧视，导致新兴经济体制造业企业在欧洲市场面临的外来者劣势问题较为突出，也为本研究提供了一个更为理想的分析背景。

第三，选取制造业作为研究行业，主要是因为：一方面，制造业是中国对外直接投资中的第二大行业，制造业成功"走出去"也是我国产业转型升级和结构优化的核心问题；另一方面，虽然外来者劣势最初研究的行业包括银行业、保险业等在内的金融服务业，但伴随着研究的逐渐深入，学者的研究样本行业日益多样化，开始逐渐涉及制造业甚至全行业，因此，考虑到我国的实际，本书选择制造业作为样本行业，解决我国制造业的外来者劣势也同样具有重要的现实意义。

（二）数据来源

样本企业的基础数据均来自 Bureau van Dijk（BvD）数据库中的 Orbis 子库以及企业官网。BvD 数据库是全球知名的财经专业实证数据库，其 Orbis 子库包含全球近 4 亿家企业的财务数据和原始财务报表、董监高及管理层、股权关系与评级报告等重要信息，为外来者劣势的研究提供强有力的数据支持。在 Orbis 子库中，可以按照国家（或地区）、区位城市、所属行业，以及产品类别等进行分类查询，筛选出相应的目标企业并获取其经营业绩、资产规模等重要财务数据，也是目前为数不多的能够提供全球市场信息不可缺少的数据来源。截至本书开展实证工作时，数据库中企业财务数据绝大多数更新到2021 年，考虑到数据的可得性，匹配行业和国家层面数据的可获取年份后，本书最终选择 2011～2021 年作为时间窗口，检验前述假设。

同行业集聚和同源国集聚的基础数据也来源于 Orbis 数据库，本书手工整理了东道国企业数量、子公司所属细分行业的企业数量等数据，并分别参考卡德卡等（Cader et al.，2011）和普伊格等（Puig et al.，2020）的方法计算同行业集聚与同源国集聚的具体数值。行业层面的上市公司数据来源于Osiris 全球上市公司数据库。其中，考虑到东道国是欧洲国家，数据中的行业划分标准按照欧洲产业分类（NACE Rev.2）标准，具体数据来源于 Orbis 数据库中的二级制造业分类。

国家层面的政治制度距离和经济制度距离数源于世界银行 WDI 数据库，该数据库提供了全球各个国家和地区的重要统计数据，涵盖能源、贸易、教育、卫生等约 60 个行业的大量数据，对于世界经济发展具有重要的意义，也是全球公认的较为权威的经济数据仓库之一。目前，在战略管理和国际商务的研究领域，WDI 数据库也为广大学者科研工作的开展提供了重要的支持和帮助。文化距离数据来自霍夫斯泰德官网发布的文化六维度指数，并参考科格特和辛格（Kogut and Singh，1988）的公式进行计算，得到中国与东道国之间文化距离的具体数值。

当然，为避免对数据分析结果的影响偏差，本书还剔除了部分数据缺失严重的样本企业以及位于百慕大、开曼和英属维尔京群岛等企业，最终得到样本企业 506 家。样本企业进入的东道国分别为奥地利、比利时、芬兰、法国、德国、意大利、荷兰、挪威、葡萄牙、西班牙、瑞典、土耳其、英国、捷克、匈牙利、波兰、俄罗斯、斯洛文尼亚、斯洛伐克、塞尔维亚和罗马尼亚 21 个国家，见表 4-1。

表 4-1　　　　　　　　　　　样本企业的投资东道国

东道国	子公司数量	东道国	子公司数量
奥地利	6	土耳其	5
比利时	10	英国	53
芬兰	8	捷克	23
法国	40	匈牙利	5
德国	44	波兰	27
意大利	126	俄罗斯	35
荷兰	5	斯洛文尼亚	6
挪威	8	塞尔维亚	14
葡萄牙	4	罗马尼亚	29
西班牙	29	斯洛伐克	12
瑞典	17		

资料来源：作者手工整理。

同时，本书还统计了样本企业涉及的细分行业，具体包括食品制造、纺织品制造、木材制造、橡胶制造、皮革及相关制品制造、饮料制造、服装制造、化学品制造、基础制药、其他非金属矿物、基础金属制造、金属制品制

造、计算机及电子制造、电气设备制造、机械设备制造、机动车制造、其他
运输设备制造、家具制造以及其他制造等19个制造业细分行业，并将其汇总
至表4-2。

表4-2   样本企业的细分行业分布

细分行业	子公司数量	细分行业	子公司数量
食品制造	17	基础金属制造	22
纺织品制造	22	金属制品制造	34
木材制造	25	计算机及电子制造	26
橡胶制造	28	电气设备制造	42
皮革及相关制品制造	12	机械设备制造	107
饮料制造	8	机动车制造	48
服装制造	22	其他运输设备制造	17
化学品制造	34	家具制造	13
基础制药	7	其他制造	14
其他非金属矿物	8		

资料来源：作者手工整理。

二、变量测量

（一）被解释变量：外来者劣势（LOF）

如前所述，外来者劣势的测量问题是该研究的重点和难点。现有研究对
于外来者劣势的测量指标大致有两类，一类是采用直接指标进行测量，如绩
效（Zaheer，1995；张宇婷等，2017）、退出率（Hennart et al.，2002）、生存
率（Zaheer and Mosakowski，1997）、X-效率（Miller and Parkhe，2002）等；另
一类是采取间接指标进行测量，包括信息不对称与合法性缺失（杜晓君等，
2014）等。虽然测量指标日益多样化，但既有文献中仍以绩效指标居多。

按照查希尔（1995）最早对于外来者劣势的表述，本书在对其进行测量时，应该重点关注两个方面：一是界定"外来者"身份。外来者是相对于东道国本土企业而言进入东道国市场运营的外来子公司，因此，在对外来者劣势进行测量时，应该选择子公司的数据。受数据获取的局限，现有许多文献往往采用母国或母公司的数据进行替代，可能有些偏离外来者劣势的最初定义。二是对于劣势的理解。所谓优劣，应该是双方比较之后的结果，在查希尔（1995）最初的研究中特别强调了子公司在东道国市场经营时额外支付的成本，因此，本书认为采用比值或者差值形式体现两者的比较，可能更符合外来者劣势的最初定义（张宇婷，2015）。恰是由于上述两个方面的原因，外来者劣势的测量一度成为难以解决的问题，也严重影响了该研究体系的推进。幸运的是，近几年出现的 Bureau van Dijk 数据库为学者们提供了大量可供使用的各国企业的数据，包括子公司的数据，在很大程度上解决了这一问题。鉴于上述原因，考虑到上市公司规模较大，营收表现良好，在很大程度上能够代表这一行业的平均水平。同时，东道国当地上市公司的财务数据也相对容易获得，故本书采用海外子公司的资产收益率与当地同行业上市公司平均资产收益率的比值来测量外来者劣势，这样的测量方式比较符合外来者劣势的定义。但需要说明的是，大多数的研究中，变量与其测量指标之间是同方向变化的，即当测量指标的数值越大时，表明该变量也朝着增加的方向变化。而这里对外来者劣势进行测量时，出现了变量与测量指标之间存在负向关系的情况，子公司的资产收益率与当地同行业上市公司平均资产收益率的比值越大，表明子公司的相对绩效越高，这就意味着子公司面临的外来者劣势越小。因此，为便于解释，本书借鉴杜晓君等（2016）对于负向指标的处理方法，对外来者劣势进行相应的正向化处理。当然，这样的处理并不影响实证结果。

（二）解释变量：同行业集聚（IA）和同源国集聚（COA）

有关集聚指标的测量，现有的研究相对比较成熟，本书在借鉴既有测量方法的基础上，分别对同行业集聚和同源国集聚进行测量。

1. 同行业集聚（IA）

已有文献对于同行业集聚的测度指标存在较大不同，衡量集聚水平的指标也比较多，主要包括赫芬达尔指数、区位熵以及 EG 指数等。比如，肖文和林高榜（2008）在地方专业化指数的基础上，进一步选取了城市工业企业数、该城市第三产业产值在地区生产总值的占比以及该城市的基础设施指数三个指标，综合测量产业化集聚。余珮和孙永平（2011）采用《中国统计年鉴》的数据，通过计算 1994~2006 年各年度所拥有的外资企业额总数测量外资公司的集聚效应。拉明和利瓦尼斯（Lamin and Livanis，2013）采用建立在研发实验室数量基础上的区位熵指数测量同行业集聚。刘等（Liu et al.，2018）采用第 $t-1$ 年 j 国 k 行业的中国对外直接投资流量除以第 $t-1$ 年在 j 国的中国对外直接投资的总流量得到的数值与第 $t-1$ 年所有国家 k 行业的总对外直接投资流量除以第 $t-1$ 年所有行业的总对外直接投资流量的数值进行比值，来测量同行业集聚，等等。由于同行业集聚反映的是相同行业的跨国公司在一定地理位置内的集聚程度，受数据获取的局限以及集聚可能存在区域规模差异的问题，也为更好地反映地理要素在空间位置上的分布情况（杨仁发，2013），同时使得数据更加直观，本书借鉴卡德卡等（2011）的方法，采用同行业区位熵测量同行业集聚，具体计算公式如式（4-1）。

$$IA_{ij} = \frac{Num_{ij}/Num_j}{Num_i/Num} \qquad (4-1)$$

其中，IA_{ij} 表示 j 国 i 行业的同行业集聚区位熵，反映了 j 国在 i 行业的同行业集聚水平；Num_{ij} 表示 j 国 i 行业的企业数量；Num_j 表示 j 国所有的企业数量；Num_i 表示欧洲 i 行业所有的企业数量；Num 表示欧洲所有的企业数量。若某企业数据最新报道年份为 2020 年，则该企业不再纳入 2021 年该国的企业数量，以下同。通过上述公式计算得到的区位熵数值越大，表示同行业集聚水平越高，区位熵数值越小，表示同行业集聚水平越低。

2. 同源国集聚（COA）

同源国集聚反映了来自相同国家的跨国企业在一定地理位置内的集聚程度。余珮和孙永平（2011）在考察跨国公司的母国效应时，考虑了公司的人口统计学特征，通过核实跨国公司官网的信息，采用各省份年初所拥有的来自某一国家的财富 500 强子公司的数量进行衡量。对于同源国集聚的测量，大多数文献与同行业集聚的测量相类似，将来自同一行业的数据调整为来自同一国家的数据，这里就不再赘述。考虑到研究的实际，参考普伊格等（2020）的方法，采用同源国区位熵进行测量，具体计算公式如式（4 - 2）。

$$COA_j = \frac{CNum_j/Num_j}{CNum/Num} \qquad (4-2)$$

其中，COA_j 表示 j 国的同源国集聚区位熵，测量 j 国中跨国企业来自同一母国的集聚水平；$CNum_j$ 表示 j 国所有的中国企业数量；Num_j 表示 j 国所有的企业数量；$CNum$ 表示欧洲所有的中国企业数量；Num 表示欧洲所有的企业数量。通过上述公式计算得到的区位熵数值越大，表示同源国集聚水平越高，区位熵数值越小，表示同源国集聚水平越低。

（三）控制变量

为避免国家层面和企业层面的其他因素对实证结果的影响，本书还选取企业层面的变量，包括企业年龄、企业性质、企业规模和企业劳动力成本以及国家层面的东道国经济发展水平、政治制度距离以及文化距离作为控制变量。

1. 企业年龄（Age）

根据企业的生命周期理论，企业年龄会对变量间的主效应产生一定的影响，如随着时间的推移，企业可能会因实践经验的增加而逐渐适应东道国市场环境，使其在东道国面临的外来者劣势逐渐减少。因此，企业年龄采用子公司进入海外市场的时间（年）进行测量。

2. 企业性质（Owner）

根据所有权性质的不同，可以将企业分为国有企业、外资企业、民营企业以及混合所有制企业，现有研究中以讨论国有企业、民营企业和外资企业的文献居多。对于跨国公司而言，其所有权性质不同，东道国利益相关者的应对行为也有所差异。跨国公司对海外市场规则不熟悉或由于其外来者身份，而难以被东道国所认同，此外，国有企业身份会加剧东道国对跨国公司的不认同感并会受到更不公平对待。对于来自中国的海外子公司而言，东道国市场常常认为许多企业会有一定的政治目的，特别是当母公司为国有企业时，因此会采取一定的资源约束或行为限制等措施。因此，本书控制了母公司的企业性质，并采用虚拟变量测量，国有企业赋值为1，非国有企业赋值为0。

3. 企业规模（Size）

企业规模是反映企业综合实力的一个基本指标（李正卫等，2014）。一般的，企业规模越大，可供其利用的资源就越多，该企业在东道国市场运营的灵活性越强（Kogut and Singh，1988），对企业绩效的影响也越大。鉴于本书中的外来者劣势采用绩效指标进行衡量，因此，本书也进一步控制了企业规模，并选取子公司的总资产进行计算。

4. 企业劳动力成本（EC）

企业的发展往往也会受制于其劳动力成本，尤其是对于制造业而言。考虑到全球经济的发展趋势以及中国企业的发展现状，目前的劳动力成本日益增加，对于跨国公司的运营也会产生一定的影响，因此，本书对海外子公司的劳动力成本进行控制，并采用 Orbis 数据库中公布的企业劳动力成本，对其取对数进行衡量，以减少对实证结果的影响。

5. 东道国经济发展水平（ED）

从已有研究看，东道国的经济发展水平也会对外国子公司的运营产生一定的影响。阿乌和李（Aw and Lee，2014）以中国台湾地区的人均 GDP 为标准，将其对外直接投资和出口所涉及的东道国分为高收入型和低收入型。世界银行也根据人均 GDP 对国家进行了划分，本书选取来自世界银行的数据，并参考薛新红（2019）的方法，采用东道国的 GDP 衡量东道国经济发展水平。

6. 政治制度距离（ID）

政治制度距离会对组织内部合法性与企业外部合法性的相互作用和契合产生重要影响（Kang and Li，2018）。政治制度距离越大，则企业获取外部合法性的难度也越大。政治制度距离数据来源于世界银行发布的《全球治理指数》，采用全球治理指数中六个维度的数据与中国的差值，该指数包含政治稳定性、政府效率、话语权和责任、腐败控制、规管质量以及法制六个维度，参考许家云等（2017）的做法，根据科格特和辛格（1988）的公式最终计算得出政治制度距离。

7. 文化距离（CD）

母国与东道国之间的文化距离也会影响到海外子公司所面临的外来者劣势程度，当两国之间存在文化差异时，东道国利益相关者的不认同也会给企业带来更多的外来者劣势。文化距离数据来源于霍夫斯泰德官网公布的霍夫斯泰德指数，其中包含六个维度：权利距离、个人/集体主义、男性/女性度、不确定性规避、长短期导向和自身放纵与约束，参考科格特和辛格（1988）的计算公式，最终得出中国与样本东道国的文化距离得分。

当然，为避免异常值对实证结果的影响，本书也进行了相应的数据清洗，并将研究中涉及的所有变量和测量指标进行汇总，见表4-3。

表4-3　　　　　　　　　　　变量定义

变量	变量名称	符号	测量指标
被解释变量	外来者劣势	LOF	子公司 ROA 与东道国上市公司平均 ROA 比值
解释变量	同行业集聚	IA	同行业区位熵
	同源国集聚	COA	同源国区位熵
控制变量	企业年龄	Age	子公司进入海外市场的时间（年）
	企业性质	$Owner$	国有企业为1，非国有企业为0
	企业规模	$Size$	企业总资产，取对数
	企业劳动力成本	EC	企业劳动力成本，取对数
	东道国经济发展水平	ED	东道国国内生产总值，取对数
	政治制度距离	ID	全球治理指数
	文化距离	CD	霍夫斯泰德指数

资料来源：作者手工整理。

三、模型构建

采用绩效指标测量外来者劣势时，考虑到企业绩效通常存在惯性依赖作用，会受到前期绩效的影响，传统的估计方法可能会存在同期数据潜在的逆向因果等内生性问题。为了能够有效地解决上述问题，本书采用系统广义矩估计法（GMM），将滞后变量作为工具变量，构建动态面板数据模型对本章提出的假设进行检验。

为验证同行业集聚对外来者劣势的非线性关系，本书设定模型：

$$LOF_{it} = \alpha_0 + \alpha_1 LOF_{it-1} + \alpha_2 IA_{it} + \alpha_3 IA_{it}^2 + \alpha_4 Age_{it} + \alpha_5 Owner_{it}$$
$$+ \alpha_6 Size_{it} + \alpha_7 EC_{it} + \alpha_8 ED_{it} + \alpha_9 ID_{it} + \alpha_{10} CD_{it} + \mu_i + \varepsilon_{it} \qquad (4-3)$$

为检验同源国集聚对外来者劣势的非线性关系，本书设定模型：

$$LOF_{it} = \beta_0 + \beta_1 LOF_{it-1} + \beta_2 COA_{it} + \beta_3 COA_{it}^2 + \beta_4 Age_{it} + \beta_5 Owner_{it}$$
$$+ \beta_6 Size_{it} + \beta_7 EC_{it} + \beta_8 ED_{it} + \beta_9 ID_{it} + \beta_{10} CD_{it} + \mu_i + \varepsilon_{it} \qquad (4-4)$$

为验证同行业集聚与同源国集聚对外来者劣势的共同影响，本书构建模型：

$$LOF_{it} = \gamma_0 + \gamma_1 LOF_{it-1} + \gamma_2 IA_{it} \times COA_{it} + \gamma_3 Age_{it} + \gamma_4 Owner_{it}$$
$$+ \gamma_5 Size_{it} + \gamma_6 EC_{it} + \gamma_7 ED_{it} + \gamma_8 ID_{it} + \gamma_9 CD_{it} + \mu_i + \varepsilon_{it} \qquad (4-5)$$

上述模型中，LOF_{it} 为外来者劣势；LOF_{it-1} 为外来者劣势的一阶滞后项；IA_{it} 为同行业集聚；IA_{it}^2 为同行业集聚的二次项；COA_{it} 为同源国集聚；COA_{it}^2 为同源国集聚的二次项；$IA_{it} \times COA_{it}$ 为同行业集聚与同源国集聚的交互项；Age_{it} 表示企业年龄；$Owner_{it}$ 表示企业性质；$Size_{it}$ 表示企业规模；EC_{it} 表示东道国企业劳动力成本；ED_{it} 表示东道国经济发展水平；ID_{it} 表示政治制度距离；CD_{it} 表示文化距离；μ_i 为不随时间变化的个体效应变量；ε_{it} 为误差项。

四、结果分析

（一）描述性统计与相关性分析

1. 描述性统计

本书使用方差膨胀因子（VIF）进一步研究了潜在的多重共线性问题，所有模型中的 VIF 值均低于 10，表明模型变量不存在严重的多重共线性问题。通过初步的描述性统计发现，部分变量，尤其是外来者劣势（*LOF*）的两端离群值较大，为了避免严重离群值对研究结论的干扰，本书对除企业性质（*Owner*）以外的非虚拟变量分别在两端1%和99%的水平上进行了相应的缩尾处理，处理后的描述性统计结果如表4-4所示。

表4-4　　　　　　　　　　变量的描述性统计

变量	均值	中位数	标准差	最小值	最大值
LOF	-0.414	-0.491	9.354	-37.499	44.409
IA	2.912	2.634	1.610	0.545	9.329
COA	2.081	0.800	2.621	0.156	11.686
Age	2.763	2.833	0.864	0.000	4.771
Owner	0.176	0.000	0.381	0.000	1.000
Size	14.511	15.460	3.364	4.028	20.030
EC	13.463	14.171	2.669	6.959	18.067
RD	2.049	0.878	2.855	-0.298	13.930
ED	9.149	9.767	1.184	6.054	10.480
CD	1.077	0.207	1.527	0.121	5.173
ID	3.777	2.834	2.523	0.226	10.381

资料来源：作者手工整理。

2. 相关性分析

在使用Stata进行模型估计之前，需要进行变量之间的相关性检验，具体检验结果如表4-5所示。一般认为，变量之间的系数如果大于0.8，说明两者之间可能存在较大的相关性，如果变量之间相关系数小于0.8，可以认为变量之间不存在较为严重的多重共线性问题。从表4-5可以看出同行业集聚与同源国集聚均与外来者劣势显著相关。

表4-5

相关性分析

变量	LOF	IA	COA	Age	Size	Owner	EC	ED	ID	CD
LOF	1.000									
IA	0.027*	1.000								
COA	-0.012*	0.001	1.000							
Age	-0.039***	0.047***	0.012	1.000						
Size	0.021	-0.150***	0.049***	0.206***	1.000					
Owner	0.012	-0.050***	0.101***	0.137***	0.168***	1.000				
EC	-0.015	-0.284***	-0.057***	0.142***	0.938***	0.127***	1.000			
ED	-0.018	0.013	0.034**	0.133***	0.050***	0.137***	0.162***	1.000		
ID	0.040***	-0.276***	0.180***	0.195***	0.175***	0.253***	-0.021	0.212***	1.000	
CD	0.029**	-0.219***	-0.233***	0.014	0.065***	-0.046***	-0.075***	-0.509***	0.255***	1.000

注：*、**、***分别表示在10%、5%、1%的水平上显著，下同。

（二）实证结果分析

考虑到变量特性以及研究主题的实际，本书运用系统 GMM 估计方法，检验同行业集聚与同源国集聚对外来者劣势的影响，实证结果见表 4-6。

表 4-6 实证回归结果

变量	同行业集聚			同源国集聚		交互作用
	模型 1	模型 2	模型 3	模型 4	模型 5	模型 6
L. LOF	0.094 *** (0.013)	0.888 *** (0.004)	0.915 *** (0.002)	0.900 *** (0.004)	0.824 *** (0.009)	0.918 *** (0.002)
IA		-0.460 *** (0.515)	-4.145 *** (1.374)			
COA				-0.437 *** (0.161)	-11.029 *** (2.013)	
IA^2			0.600 ** (0.155)			
COA^2					1.131 *** (0.209)	
$IA \times COA$						-0.482 *** (0.073)
Age	-0.423 * (0.218)	1.771 ** (0.718)	-0.886 *** (0.247)	-0.205 (0.344)	2.217 *** (0.575)	0.690 ** (0.284)
Size	-0.221 (0.152)	-0.261 (0.217)	-0.886 *** (0.247)	0.665 * (0.355)	-4.840 *** (0.457)	-0.484 (0.237)
Owner	-0.383 (0.438)	-0.311 (0.609)	-0.989 (0.737)	-0.452 (0.376)	1.159 * (0.703)	-0.984 (0.680)
EC	0.298 ** (0.137)	0.21 (0.191)	1.251 *** (0.200)	1.130 *** (0.355)	4.399 *** (0.581)	1.224 *** (0.258)
ED	-0.241 * (0.136)	7.902 *** (1.948)	-4.395 (3.094)	1.248 (4.095)	2.066 (2.799)	12.667 *** (2.483)
ID	0.117 (0.087)	-1.264 *** (0.152)	-1.152 *** (0.129)	-1.255 *** (0.122)	0.404 (0.248)	-1.703 *** (0.145)
CD	-0.051 (0.106)	3.002 *** (0.832)	-2.085 ** (0.929)	-0.069 (1.166)	-2.324 *** (0.505)	3.343 *** (0.411)

续表

变量	同行业集聚			同源国集聚		交互作用
	模型1	模型2	模型3	模型4	模型5	模型6
Cons.	2.005 (1.29)	− 72.670 ** (20.59)	59.587 ** (29.24)	− 5.904 (42.39)	4.216 (26.49)	− 123.578 ** (25.74)
AR（1）	0.000	0.023	0.023	0.023	0.024	0.023
AR（2）	0.114	0.351	0.356	0.355	0.347	0.354
Hansen	0.978	0.961	0.988	0.981	0.971	0.975

注：*L. LOF* 为外来者劣势的滞后一期，系统 GMM 估计过程采用了两步法（two-step）；括号内数值为稳健标准误差；Hansen 值报告了工具变量过度识别检验的 P 值；*AR*（1）和 *AR*（2）值分别表示一阶和二阶序列相关检验的 P 值。

表4-6中，模型1至模型3检验了同行业集聚对外来者劣势的影响。其中，模型1是仅包含被解释变量的滞后项以及控制变量的基础模型，由结果可知，滞后项的系数在1%的水平上显著为正，$AR(1) = 0.000$，小于0.1。$AR(2) = 0.114$，大于0.1，模型通过了自相关检验，且 Hansen 检验的值大于0.1，模型通过过度识别检验，表明外来者劣势受上一期影响，具有路径依赖的特点，采用系统 GMM 估计方法较为合理。模型2在模型1的基础上加入了同行业集聚（*IA*）的一次项，结果显示，一次项的系数在1%的水平上显著为负（$\alpha_2 = -0.460$），且均通过自相关检验和过度识别检验，可以认为模型设定合理，即海外子公司面临的外来者劣势受到东道国当地同行业集聚水平的影响，东道国的同行业集聚水平越高，子公司面临的外来者劣势越小。

为了进一步检验同行业集聚与外来者劣势的"U"型关系，模型3加入了同行业集聚（*IA*）的平方项，由结果可知，同行业集聚平方项的系数在5%的水平上显著为正（$\alpha_3 = 0.600$），模型3的 $AR(1) = 0.023$，$AR(2) = 0.356$，大于0.1，Hansen 检验的 P 值为0.988，大于0.1，模型通过了自相关检验和过度识别检验。需要说明的是，考虑到当前学者们对于"U"型或者倒"U"型关系的检验可能存在观测区间不全的局限，因此，本书借鉴汉斯等（Haans et al.，2016）提出的检验方法，能够计算出样本数据是否包含整个"U"型或倒"U"型区间，检验标准更加严格。具体检验过程如下：首先，解释变量平方项的系数（α_3）显著为正。表 4-6 中，IA 平方项的系数为 0.6，且显著为正，符合要求。其次，假设 X_L 和 X_H 分别表示解释变量的最小值和最大值，通过计算得出 X_L 处的斜率（$\alpha_2 + 2\alpha_3 X_L$）显著为负，X_H 处的斜率（$\alpha_2 + 2\alpha_3 X_H$）显著为正。最后，计算拐点（即 $-\alpha_2/2\alpha_3$）的值，需要落在解释变量的取值范围之内。参考这一方法，由表 4-6 中模型 3 的检验结果可以看出，首先，解释变量同行业集聚（IA）一次项系数显著为负（$\alpha_2 = -4.145$），同行业集聚平方项的系数显著为正（$\alpha_3 = 0.600$）。其次，X_L 处的斜率 $\alpha_2 + 2\alpha_3 X_L = -4.145 + 2 \times 0.6 \times 0.545 = -3.491$，在同行业集聚取值范围的左端，且显著为负，$X_H$ 处的斜率 $\alpha_2 + 2\alpha_3 X_H = -4.145 + 2 \times 0.6 \times 9.329 = 7.050$，在同行业集聚取值范围的右端，且显著为正。最后，计算得到曲线的拐点值（$-\alpha_2/2\alpha_3 = 4.145/2 \times 0.6$）为 3.454，处于解释变量同行业集聚的区间范围 [0.545，9.329]，因此，认为从检验结果中，可以观测到的是一个完整的"U"型曲线（见图 4-1）。

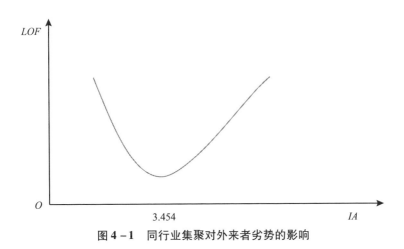

图 4-1 同行业集聚对外来者劣势的影响

同时，结合实证结果可知，同行业集聚与外来者劣势之间存在先下降后上升的"U"型关系，即当同行业集聚水平增加时，海外子公司面临的外来者劣势逐渐减少，随着集聚水平的进一步增加，海外子公司所面临的外来者劣势会逐渐增加，故假设 4 - 1 得到验证。进一步结合种群密度理论的解释，可以理解为在早期种群中企业数量的增加，即种群密度的增加，子公司处于获取合法性的阶段，同行业集聚水平越高，越有利于子公司构建合法性，面临的外来者劣势较小。但当越来越多的企业不断加入集群中，种群密度的进一步增加，种群内的企业之间就会出现竞争，此时子公司处于竞争性阶段，同行业集聚水平越高，竞争性越强，越不利于子公司的生存与发展，面临的外来者劣势越大，两者之间呈现一种"U"型关系。

模型 4 在模型 1 的基础上加入了同源国集聚（COA）的一次项，一次项的系数在 1% 的水平上显著为负（$\beta_2 = -0.437$），模型均通过自相关检验和过度识别检验，认为模型设定合理，即海外子公司面临的外来者劣势受到东道国当地同源国集聚水平的影响，东道国的同源国集聚水平越高，海外子公司面临的外来者劣势越小。为了进一步检验同源国集聚与外来者劣势的"U"型关系，模型 5 加入了同源国集聚（COA）的平方项，由结果可以看出，平方项的系数在 1% 的水平上显著为正（$\beta_3 = 1.131$）。其中，$AR(1) = 0.024$，$AR(2) = 0.347$，大于 0.1，Hansen 检验的 P 值为 0.971，大于 0.1，模型通过自相关检验和过度识别检验。

与同行业集聚水平对外来者劣势的影响类似，为更好地检验并观察到完整的"U"型区间，本书仍然借鉴汉斯等（2016）提出的检验方法，检验两者之间的"U"型关系。具体包括：首先，解释变量同源国集聚（COA）一次项系数显著为负（$\beta_2 = -11.029$），同源国集聚平方项的系数显著为正（$\beta_3 = 1.131$）。其次，X_L 处的斜率 $\beta_2 + 2\beta_3 X_L = -11.029 + 2 \times 1.131 \times 0.156 = -10.676$，在同源国集聚取值范围的左端，且显著为负，$X_H$ 处的斜率 $\beta_2 + 2\beta_3 X_H = -11.029 + 2 \times 1.131 \times 11.686 = 15.404$，在同源国集聚取值范围的右端，且显著为正。最后，计算得到曲线的拐点值（$-\beta_2/2\beta_3 = 11.029/2 \times 1.131$）为 4.875，处于同源国集聚的区间范围 $[0.156, 11.686]$，因此，可以认为同源国集聚对外来者劣势的影响是一个完整的"U"型曲线（见图4-2），同源国集聚与外来者劣势存在先下降后上升的"U"型关系，即当同源国集聚水平上升时，海外子公司面临的外来者劣势逐渐减少，但随着集聚水平的进一步增加，海外子公司所面临的外来者劣势会逐渐增加，故假设4-2得到验证。同样，进一步结合种群密度理论的解释，可以理解为随着种群密度的增加，子公司处于获取合法性的阶段，同源国集聚水平越高，越有利于子公司构建合法性，面临的外来者劣势较小。但当种群密度的不断增加超过某个阈值时，种群内的企业之间就会出现竞争，此时子公司处于竞争性阶段，同源国集聚水平越高，竞争性越强，子公司面临的外来者劣势越大，两者之间也呈现出一种"U"型关系。

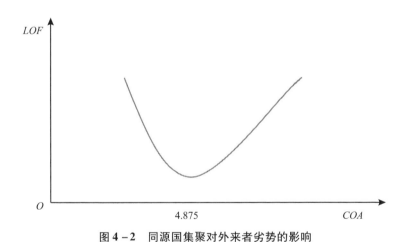

图4-2 同源国集聚对外来者劣势的影响

现实中东道国也可能存在同行业集聚与同源国集聚程度都较高的情况，就会产生两者对外来者劣势的共同影响。因此，模型6加入了同行业集聚与同源国集聚的交互项（$IA \times COA$），检验两者对外来者劣势的影响。表4-6的结果显示，同行业集聚与同源国集聚的交互项在1%的水平上显著为负。同时，交互项的估计系数为$\gamma_2 = -0.482$，小于模型2中同行业集聚对外来者劣势的影响（-0.460）以及模型3中同源国集聚对外来者劣势的影响

（-0.437），可以认为同行业集聚与同源国集聚的交互项对外来者劣势产生的负向影响更大，即东道国的同行业集聚水平和同源国集聚水平都较高时，子公司面临的外来者劣势更小，假设4-3得到验证。

第三节　本章小结

本章主要基于集聚经济理论和外来者劣势理论，从理论上分析了同行业集聚和同源国集聚对外来者劣势的影响，并提出相应的假设。为进一步验证假设，本书选取运营在欧洲的中国制造业跨国子公司为样本，结合样本企业2011～2021年的数据，运用系统 GMM 估计方法实证检验同行业集聚与同源国集聚对外来者劣势的影响。通过前文的分析，得出如下结论：

第一，子公司面临的外来者劣势与东道国的同行业集聚水平呈现先下降再上升的"U"型关系。结合种群演化的逻辑，随着种群密度的变化，种群内的企业一般会经历合法化和竞争性两个阶段。对于进入东道国市场的子公司而言，进入初期，处于合法化构建阶段，集群内的种群密度较小，成员之间通过合作所获得的收益大于相互竞争所需承担的成本，此时种群内的合作效应占据主导位置并随着种群密度的增加而增加，同行业集聚水平越高，子公司从集群外部性中获得的收益越大，合法性越强，在东道国面临的外来者劣势越小，处于"U"型曲线的前半段。随着进入集群的企业的数量进一步增加，外部环境的既有资源逐渐变得稀缺，此时企业之间为了争夺有限的资源和市场，彼此之间的合作效应大幅下降，竞争效应日益增强，子公司需要承担更多的由于竞争带来的成本，同行业集聚水平越高，竞争性越强，子公司能够从集群外部性中获得的收益越小，在东道国面临的外来者劣势越大，处于"U"型曲线的后半段。

第二，子公司面临的外来者劣势与东道国的同源国集聚水平也呈现先下降再上升的"U"型关系。与同行业集聚情况类似，子公司在经历合法化与竞争性阶段时，面对东道国市场同源国集聚水平的变化，其面临的外来者劣势呈现"U"型曲线变化。合法化阶段时，集群内的合作效应据主导，成员数量的增加所带来的收益大于相互竞争所需承担的成本，此时同源国集聚水平越高，子公司越容易受益于集群的合法性溢出，歧视性风险和关系性风险降低，并最终减少了外来者劣势的影响。随着进入集群的企业的数量进一步增加，合作效应降低，竞争效应增强，集群内部进入了竞争性阶段，子公司需要承担更多的由于竞争带来的成本，同源国集聚水平越高，竞争性越强，子公司能够从集群外部性中获得的收益越小，面临的外来者劣势增加。

第三，东道国同行业集聚水平与同源国集聚水平都较高时，子公司面临的外来者劣势更小。如前所述，同行业集聚和同源国集聚对子公司均可产生外部性，但外溢的知识和信息有所不同。同行业集聚产生的外溢信息通常是能够为企业带来与其所需资源具有高配适度的专业化的信息和知识，使得企业能够及时应对东道国动态的行业环境变化。同源国集聚更多外溢的是一般化、更具普适性的信息和知识。对子公司而言，在合法性构建阶段，同行业集聚水平和同源国集聚水平均较高时，子公司不仅可以获取来自同行业集群的合法性外溢，更好地克服信息不对称以及合法性缺失问题，同时也可以受益于同源国集聚构建起的稳定的信任关系，克服不熟悉风险，降低外来者劣势的影响。当进入竞争性阶段时，面临高度隐性或敏感的信息获取时，同行业集聚的信息外溢作用有限，因为这类信息的传递通常需要建立在密切的联系中，此时，子公司可以通过同源国集群内成员间高水平的信任关系予以补充，通过两者的共同作用，子公司能够更好地克服信息不对称以及合法性缺失问题。因此，当东道国的同行业集聚水平和同源国集聚水平均较高时，海外子公司会面临更低程度的外来者劣势。

第五章
集聚、国际化速度与外来者劣势

在本书第四章中，结合种群演化的合法化阶段与竞争性阶段，讨论了同行业集聚与同源国集聚对外来者劣势的影响。考虑到两者在对外来者劣势产生影响的过程中，也会不可避免地受到其他因素的影响，本章选取企业层面的影响因素，在对国际化速度基本内涵进行阐述的基础上，剖析其在同行业集聚与外来者劣势关系以及同源国集聚与外来者劣势关系间的调节作用。

第一节　理论分析与研究假设

国际商务领域相关研究的主流理论框架一般是建立在国际生产折衷范式以及相应的国际化理论基础上，早期多集中于讨论跨国公司开展国际化活动的动因、进入模式以及区位选择等基础性问题，随着新创企业国际化现象的出现，有关天生全球化、企业家精神的讨论逐渐引起学者们的重视。伴随着研究成果的日益丰富，有学者发现既有文献中或者忽略了企业国际化中的时间维度，或者只是进行了比较静态分析（王益民等，2017），缺乏真正意义上基于动态视角的企业国际化分析（Eden，2009）。事实上，正如帕拉桑塔姆和杨（Prashantham and Young，2011）所指出的，时间是企业国际化研究的重要维度之一。而作为能够体现国际化动态特征的指标，国际化速度可以被视为重要的时间维度纳入企业国际化的相关研究。显然，国际化速度的引入，有助于解决原有企业国际化研究多为比较静态分析的困境（Chetty et al.，2014），也更适合解释动态环境下企业国际化与企业绩效之间相对复杂的关系。基于此，本章将在分析国际化速度基本内涵的基础上，通过分析国际化速度与企业绩效的关系，阐述国际化速度在同行业集聚与外来者劣势间关系以及同源国集聚与外来者劣势间关系的调节作用。

一、国际化速度的内涵

企业国际化的相关研究中，时间始终是需要关注的一个重要视角。传统国际化理论强调，企业国际化是一个渐进的过程，企业由出口转向对外直接投资是一个包含时间要素的"最佳转换时机"问题（Buckley and Casson，1981）。时间压缩不经济（Time-Compression Diseconomies）理论认为，过快的国际化速度可能不利于企业绩效的提升（Dierickx and Cool，1989）。虽然企业国际化一直被认为是一个动态的过程（Johanson and Vahlne，1977），但到20世纪90年代中期，相应的大量研究仍然停留在比较静态范式分析中（Casillas et al.，2012），直到国际新创企业研究的逐渐兴起（Oviatt and Mc-Dougall，1994；Jones and Coviello，2005），国际化速度的概念才进一步引起学者们的关注，动态化的分析范式也才逐渐得到发展。

企业国际化的本质，就是通过进军海外市场而产生的一系列历时性事件。切蒂（Chetty，2014）将国际化速度作为国际化进程中的一个时间概念来看待，体现了企业开拓海外市场和以此为基础进行持续拓展的动态进程。所以学术界很多人都把注意力集中于从时间层面对国际化速度进行研究，用国际化速度来说明企业国际化进程中的快慢问题。

国际新创企业的相关研究中，通常将国际化速度理解为初始国际化速度。奥维亚特和麦克杜格尔（Oviatt and McDougall，2005）认为国际化速度是着眼于机会识别与市场进入之间的时间以及进入存在心理距离的国家的速度，通常受企业家对于机会的把握以及对于国外市场的了解等诸多因素的影响，并首次将国际化速度划分为初始进入速度、国家范围速度以及国际承诺速度，模糊地将国家范围速度和国际承诺速度理解为进入后速度，并且国家范围速度多强调企业进入国外市场的数量、多样性等随时间发生变化的速度，国际承诺速度则突出企业对于国际市场投入的资源随着时间发生变化的速度。但帕拉桑塔姆和杨（2011）认为，奥维亚特和麦克杜格尔（2005）的研究模糊了国际新创企业的初始国际化速度和进入后的国际化速度，并结合国际化速度的阶段特征，将新创企业的国际化速度分为初始进入速度和进入后速度。其中，初始进入速度是从企业创建到首次进入国际市场的时间间隔；进入后速度是企业进入国际市场之后的扩张速度，包括国家范围速度和国际承诺速度。国家范围速度强调跨国公司进入国际市场的数量；国家承诺速度强调随着时间的变化，跨国公司投入国际市场的资源变化。卡西拉斯和阿塞多（Casillas and Acedo，2013）认为，国际化速度的研究并没有引起人们的足够重视，他们从国际化的角度解释了速度的概念，认为国际化速度是一个多维构念，可以解释将时间维度与国际化进程联系起来的连续变化和不连续变化的许多方面，并将国际化速度理解为国际化程度和国际化广度的变化率，具体可以分为国际商业密集度的变化速度、外国资源承诺的变化速度以及国际市场广度的变化速度。切蒂等（2014）认为，现有理论对于国际化速度的理解缺乏扎实的理论背景和有效的适用性，因此有必要构建一个新的概念以体现国际化速度的本质特征，并指出速度包含时间和距离两个要素，国际化速度就是国际化距离与所花费时间之间的一种关系，并且距离可以概念化为企业当前的国际化状态，是跨国公司对于国际市场的经验化知识和对国际市场的承诺，认为可以从重复性学习速度、多样性学习速度以及国际承诺速度三个维度去理解国际化速度。希尔默森和约翰森（Hilmersson and Johanson，2016）认为多数研究并没有将国际化速度作为自变量来考虑，且重点分析了国际化开始时的速度，忽略了国际化速度的多维特性，并以时间压缩不经济理论以及新入者学习优势理论为基础，结合183家中小企业的样本进行实证检验，发现国际化宽度对于企业绩效有着积极的曲线影响，国际市场承诺对于企业绩效的影响是负向的。汝毅等（2016）认为，国际化速度本质上可以理解为在既定时间内的相应维度的变化。因此，应当引入海外资源投入扩张速率和海外市场规模的变化率，进一步加大有关进入后速度的剖析。

关于国际化速度的测量问题，不同的研究学者对国际化速度有不同的理解和解读，对其界定与测量标准也迥然不同（Chetty，2014）。早在 21 世纪初，就有学者提出过国际化速度的相关概念，但是一直到 2008 年后，学者才开始对国际化速度这一问题产生极大的关注，也开始讨论国际化速度的测量。奥蒂奥（Autio，2000）第一次用海外销售比重的变动幅度度量国际化速度，认为该比重的变动幅度越大，表明国际化的步伐越大，国际化速度越快。范梅伦和巴克玛（Vermeulen and Barkema，2002）在讨论国际化过程中的速度、节奏和范围时，采用跨国公司海外子公司在一定时期内成长数量的平均值来衡量国际化速度，该平均值越高，说明国际化速度就越快。同时，他们还指出，建立在相同的信息会产生相同结果的假设基础上，可以采用自跨国公司第一次对外扩张起时的年份来计算国际化速度。罗（Luo，2005）在对美国 93 家电子商务企业进行相关数据调研与分析的基础上，采用自公司创立至其第一次国际化活动之间的间隔时间衡量国际化速度。周等（Zhou et al.，2014）的研究认为，天生全球化企业与传统企业在国际化时间上存在战略区别，但是对于国际化速度的含义并没有给出明确的说明，在实证过程中，仅仅通过衡量一个公司从创立到海外收入比例达到 20% 以上之间的年度间隔来测量国际化速度。虽然目前学者们对于国际化速度的研究从单一维度逐渐扩展到了多维度，但由于国际化速度自身的特殊性，其具体的概念界定和测量方法仍未达成一致。事实上，企业国际化是一个长期动态的发展过程（阎海峰等，2021）。因此，也有学者以国际化元年为时间点，将国际化速度分成国际化初始进入速度和进入后速度两种类别（王益民等，2017；黄胜和叶广宇，2017；李杰义和闫静波，2019）。其中，初始进入速度强调跨国公司进入国际市场的时间上的迟或早，奥维亚特和麦克杜格尔（2005）认为，可以采用企业首次开展国际化活动时的年龄来表示初始国际化速度，首次开展国际化活动既可以是企业的首次出口（Ramos et al.，2011），也可以是企业首次设立海外子公司（Zahra and George，2002；Musteen et al.，2010）。陈伟宏等

（2021）的研究中，国际化初始速度采用企业首次进军国际市场的年份与企业成立年份之间的时间间隔表示。而进入后速度则侧重企业国际化程度的快或慢，强调进行国际化之后的情况，还可以具体从国际化深度和国际化广度两个层面进行理解。国际化深度更多体现的是企业在进行国外市场扩张时，比如营销渠道的深化（Bonaccorsi，1992；Calof，1994）、资源承诺水平的提升（Sullivan，1994；Kuivalainen et al.，2007）；国际化广度更多体现的是企业在进行国外市场扩张时对各类市场的了解和摸索，比如跨国公司的生产活动、销售活动以及所提供的服务覆盖的国家或市场（Welch and Luostarinen，1988；Zahra and George，2002）。也有学者基于全过程视角测量国际化速度研究，陈等（Chen et al.，2016）采用海外销售收入占总销售收入的比重变化率除以国际化年限（国际化年限为企业首次对外出口至报告期的时间间隔）来进行衡量。总体而言，无论是从初始进入和进入后两种不同阶段对国际化速度进行独立研究，还是基于全过程视角的考量，有关国际化速度的衡量方法正在日益丰富。本书总结了近年来对于国际化速度的维度划分及测量指标的相关研究，并将结果汇总至表5-1。

表5-1　　　　　　国际化速度的维度划分与测量指标

学者	单维或多维	测量指标
奥蒂奥等（2000年）	单一维度	海外销售额占比变化
罗等（2005年）	单一维度	首次国际化活动减去成立时间
周等（2007年）	单一维度	海外销售额占比达20%的年份减去企业成立时间
高和潘（2010年）	单一维度	连续两次进入国际市场的时间间隔
拉默斯等（Ramos et al.，2011年）	单一维度	首次获得海外销售收入的时间
常和李（Chang and Rhee，2011年）	单一维度	海外子公司数量除以进入时间
陈和叶（Chen and Yeh，2012年）	单一维度	成功投资的两次事件的时间间隔
钟熙等（2018年）	单一维度	国际化程度的变化率

续表

学者	单维或多维	测量指标
默尔和巴塔克斯（Mohr and Batsakis，2019 年）	单一维度	海外网点数量除以首次海外扩张的年份
李自杰等（2020 年）	单一维度	海外子公司数量处于国际化时长
奥维亚特和麦克杜格尔（2005 年）	多维度	从发现机会到首次进入的时间间隔；进入存在心理距离市场的速度；海外收入占比增加速度
帕拉桑塔姆和杨（2011 年）	多维度	初始国际化速度；国际化范围速度；国际化承诺速度
卡西拉斯和阿塞多（2013 年）	多维度	距离与时间两个维度
切蒂（2014 年）	多维度	承诺速度；多样化学习速度；重复性学习速度
希尔默森和约翰森（2016 年）	多维度	国际化承诺、范围速度；贸易成长速度
陈等（2016 年）	多维度	海外销售收入占总销售收入的比重变化率除以国际化年限
汝毅和吕萍（2016 年）	多维度	海外资源扩张速率；海外市场规模变化率
方宏和王益民（2017 年）	多维度	成立到首次出口的时间间隔；国际化深度；国际化广度
黄胜和叶广宇（2017 年）	多维度	成立到首次出口时间；国际化广度除以国际化时间；国际资源承诺除以国际化时间

资料来源：作者手工整理。

二、国际化速度与企业绩效的关系

国际化速度的概念自提出以来，逐渐受到国际商务和战略管理领域研究学者的关注。在对国际化速度的概念界定以及构成维度进行讨论之后，一些学者开始致力于剖析国际化速度对企业绩效的影响。但围绕该问题的相关结论并未达成较为一致的看法，一些研究认为国际化速度与企业绩效之间是正相关关系（Hilmersson，2014；Zhou and Wu，2014）；一些研究认为国际化速度与企业绩效之间是负相关关系（Chang and Rhee，2011；方宏和王益民，2017）；还有研究认为两者是非线性关系（林治洪等，2013；Hilmersson and

Johanson，2016；Mohr and Batsakis，2017；黄胜等，2017）。实证结果存在差异，可能与许多因素有关，比如研究对象不同，有的研究讨论了国际新创企业或中小企业的国际化问题，有的研究分析了大型跨国公司的国际化问题。还可能与指标的测量方法有关，比如，有的学者采用初始国际化速度测量，有的学者则采用国家范围速度测量，还有的学者采用国际承诺速度进行测量，等等。本书归纳了有关国际化速度与企业绩效之间关系的相关文献，具体如下。

（一）国际化速度与企业绩效之间存在正相关关系

按照乌普萨拉模型的解释，企业国际化是一个经历多发展阶段的渐进式的过程（Johanson and Vahlne，1997），企业所拥有的独特的内外部资源和能力有助于跨国公司通过快速国际化来获得先动优势，进而有助于企业绩效的提升（Chang and Rhee，2011；Chetty et al.，2014）。

基于发达国家样本的研究认为，快速的国际化可以帮助企业获得优势，提升企业绩效。这是因为：第一，发达国家的跨国公司通常拥有所有权优势、内部化优势以及区位优势（Dunning，1977），在诸多优势的影响之下，快速国际化有助于增加企业获得先动优势的机会，挖掘更多的潜力（Pacheco-de-Almeida，2010），迅速捕捉更好的市场机会，帮助企业创造更具潜在价值的内外部资源和知识。第二，快速国际化有利于跨国公司对市场信号作出及时快速的反应，在特定区位开发或利用战略资源，重视当地市场资源的深度开发和利用，尽快占领市场并尽早与当地利益相关者建立起相对稳定的协同合作关系，在更好地满足国际市场需求的同时，提升自身在国际市场的竞争力和竞争优势。希尔默森（2014）的研究指出，快速国际化有助于跨国公司面对更加多样化的环境，迫使跨国公司不断学习，并对全球资源进行有效配置，提高自身经验知识的累积，从而有助于企业绩效的提升，并以 203 家瑞典的中小型企业为样本，检验了国际化速度与企业绩效之间的正相关关系。第三，考虑到部分资源的获取和利用具有一定的时效性，快速国际化可以帮助企业减少机会成本的影响，有助于企业快速利用资源，从而最大限度地实现有限资源的最大化价值（Chang and Rhee，2011）。第四，按照组织学习理论的理解，快速国际化有利于企业在既定时间内拓展海外市场的数量，前瞻性地探索国际市场机会（Autio et al.，2000），使得海外子公司的分布更趋于多元化，跨国公司可以通过累积的先于竞争对手的国际化经验及时获取和利用全球资源，并实现合理配置，最终提升自身的经验和知识储备以及相应的创新技能。周和吴（Zhou and Wu，2014）以浙江省 128 家新创企业为研究对象，分析了国际化速度与企业绩效的关系，结果显示，由于新创企业具有较强的学习优势，其在开展国际化过程中，国际化速度越快，绩效表现就越好，两者呈现出显著的正相关关系。默尔和巴塔克斯（2017）认为，快速国际化可以使得企业更为高效地运用前期掌握的知识和技能，有效规避能力不足产生的陷阱，抢占市场先机，完成市场战略布局。第五，规模经济性也可以在一定程度上解释快速国际化提升企业绩效的原因。切蒂等（2014）的研究认为，通过迅速进入多个海外市场，跨国公司可以实现将营业成本分摊在更多的外国市场，降低产品的单位成本，进而快速实现规模经济。

综合以上分析，不少学者的研究结果认为国际化速度与企业绩效之间呈现正相关关系，即国际化速度越快，跨国公司的绩效越好。

（二）国际化速度与企业绩效之间存在负相关关系

马休斯（Mathews，2006）在分析全球商务系统对于跨国公司的挑战及跨国公司的应对策略时发现，中国企业的国际化进程，并没有完全按照传统渐进式的路线，其国际化速度常常快于一些西方跨国公司，并将其描述为"加速国际化"。然而，也有一些研究认为，跨国公司过早的国际化行为反而可能不利于企业绩效的提升。一般而言，跨国公司的海外扩张活动基本需要经历想法形成、开展调研直至完成海外扩张的过程，很显然，这一系列的过程都有赖于一定时间的积累，要求子公司短期内快速适应海外市场环境存在较大的挑战（Yang et al.，2017）。一旦子公司难以较好地融入东道国当地市场，就会影响其在东道国市场的信息搜集与分析，出现对消费者需求的分析失误，对企业绩效产生消极影响。

既有研究主要基于时间压缩不经济和吸收能力两个角度对这一现象进行了相应的解释。一方面，从时间压缩不经济视角看，快速国际化可能会导致企业缺乏充足的时间实现将国际化经验向更有价值知识的转化，从而遭受时间压缩不经济（Dierickx and Cool，1989）问题。即便是在短期内，企业从相应的国际化活动中获得了一定的经验知识，也仍然会存在由于时间压缩不经济引起的跨国公司在快速国际化过程中所获取的知识质量有限（Chang and Rhee，2011），不足以应对可能面临的各种挑战的现象。因此，根据时间压缩不经济理论，一些学者认为国际化速度与企业绩效之间呈现负相关关系。范梅伦和巴克玛（2002）以荷兰22家企业为研究样本，基于时间压缩不经济理论阐述了国际化扩张速度对企业绩效的影响，结果表明两者存在负相关关系。钟熙（2018）认为，由于时间压缩不经济的存在，企业难以在短时间内将快速国际化获得的优势转变成企业的自身优势，也就缺少把国际化经验进行转化的时间和能力，因此企业绩效难以达到预期效果。

另一方面，从吸收能力的视角分析，吸收能力是一种有关创造知识和利用知识，并用以提高企业竞争力和竞争优势的动态能力（Zahra and George，2002）。当跨国公司倾向于充分利用国际市场机会时，就需要具备基本的、恰当的惯例（Sapienza et al.，2006）。面对复杂的内外部环境，年轻的国际企业所拥有的知识和技能有限，也影响着这类企业对于国际市场知识的吸收和运用（Zahra et al.，2000）。而快速国际化对组织能力的要求相对较高，需要在短期内完成很多任务，终将使得子公司难以应对。因此，初始国际化速度越快，企业的绩效表现就越差。科恩和莱文塔尔（Cohen and Levinthal，1990）认为，在企业吸收能力有限的情况下，快速国际化会让家族企业缺乏足够的时间进行组织结构和战略资源的调整，相应的管理能力也难以适应国际市场的要求，无法有效实现国际化经验向有价值知识资源的转化，遭受时间压缩不经济，最终降低企业绩效。方宏和王益民（2017）基于301家中国上市公司2007~2013年的数据，实证检验了国际化速度对企业绩效的影响，研究表明，由于子公司对于国际化经验等知识的吸收能力有限，进入后的国际化速度越快，时间压缩不经济效应对企业的影响就越大。因此，进入后的国际化速度与企业绩效之间呈负相关关系。李竞（2019）基于知识基础观和组织学习视角，讨论了时间维度的国际化模式对于母公司创新绩效的影响，并结合2008～2014年具有海外投资经历的A股上市公司数据进行了实证检验，研究发现国际化速度负向影响跨国母公司的创新绩效，过快的国际化速度影响下，跨国公司对于知识的识别、吸收以及转移等过程均会受到时间压缩不经济的影响，阻碍了母公司创新能力及其绩效的提升。而且，过快的国际化速度也会负向影响子公司与海外市场之间的双向融合，导致子公司难以更好地汲取当地市场知识并实现成长，同时也会损害母公司的绩效。

综合以上分析，鉴于时间压缩不经济以及吸收能力的影响，一些研究结果表明国际化速度与企业绩效呈现负相关关系，国际化速度越快，跨国公司的绩效表现越不理想。

（三）国际化速度与企业绩效之间存在非线性关系

随着研究的不断发展，学者们开始尝试进一步验证国际化速度与企业绩效之间的非线性关系，认为除了线性关系之外，受其他因素的影响，两者也可能表现出一定的曲线关系。哈武尔等（Khavul et al., 2010）通过对来自中国、印度以及南非的国际新创企业进行分析，发现国际化速度与绩效之间并不存在显著的正相关关系，之后开始尝试验证国际化速度与绩效之间的函数形式，并指出根据先动优势的观点，国际化速度与绩效之间在前期存在正相关关系，再根据吸收能力的解释，国际化速度与绩效之间在后期存在负相关关系，因此，两者之间应该表现为先上升后下降的倒"U"型关系。此外，林治洪等（2013）运用2006～2011年中国制造业上市公司的数据实证检验国际化速度对于企业绩效的影响以及制度因素的调节作用，他们认为，按照企业国际化过程理论的解释，国际化速度与企业绩效之间还可能存在"U"型关系。这是因为：企业国际化的早期，国际化的收益难以完全抵消由于外来者劣势存在所产生的成本，因而企业绩效会随着国际化速度的增加而降低。进入国际化后期，伴随着国际化经验的积累以及企业吸收能力的不断提升，企业绩效会随着国际化速度的增加而提高，因此，国际化速度与企业绩效之间呈现"U"型关系。张月月（2020）在对国际化进入后速度的基本内涵进行界定的基础上，基于MOA理论，结合本土装备制造型企业的数据进行了相应的实证研究，结果显示：无论是从国际化广度出发还是从国际化深度入手，进入后的国际化速度均与企业的创新绩效之间存在显著的倒"U"型的关系，过慢或者过快的国际化速度均不利于企业创新绩效的提升，对于本土装备制造业而言，需要有与之相匹配的更适中的国际化速度，才更有利于企业的创新发展。李笑和华桂宏（2020）以中国高科技上市公司2008~2017年的数据，讨论基于国际化深度和国际化广度的直接对外投资对于企业绩效的影响时发现，对于技术寻求型的直接对外投资而言，国际化速度与企业创新绩效之间是倒"U"型关系；对于市场寻求型的直接对外投资来说，国际化速度与企业财务绩效之间是倒"U"型关系；发达国家和发展中国家中，国际化速度对企业绩效的影响存在差异。

总而言之，就国际化速度与企业绩效之间的非线性关系而言，目前的研究结论认为或者是"U"型关系，或者是倒"U"型关系，与企业国际化所处的阶段有一定的关系。本书也总结了有关国际化速度与企业绩效关系的相关文献，并将结果汇总至表5-2中。

表5-2 国际化速度与企业绩效的关系

学者	样本企业	研究结论
奥蒂奥和萨皮恩扎（Autio and Sapienza，2000年）	芬兰　电子企业	正相关
李等（2012年）	美国　技术密集型企业	正相关
切蒂等（2014年）	西班牙　中小企业	正相关
方宏和王益民（2017年）	中国　上市公司	负相关
李竞（2019年）	中国　上市公司	负相关
田曦和王晓敏（2019年）	中国　A股上市公司	负相关

续表

学者	样本企业	研究结论
范梅伦和巴克玛（2002 年）	荷兰	倒 "U" 型
瓦格纳尔等（Wagner et al.，2004 年）	德国 制造业企业	倒 "U" 型
默尔和巴塔克斯（2016 年）	零售业	倒 "U" 型
杨和鲁（Yang and Lu，2017 年）	日本 企业	倒 "U" 型
加西亚等（Garcí-García et al.，2017 年）	西班牙 企业	倒 "U" 型
黄胜和叶广宇（2017 年）	中国 国际新创企业	倒 "U" 型
周立新和宋帅（2019 年）	"一带一路"共建国家 家族企业	倒 "U" 型
张月月（2020 年）	中国 装备制造业	倒 "U" 型
希尔默森和约翰森（2016 年）	瑞典 中小企业	"U" 型
林宏治和陈岩（2013 年）	中国 A 股上市公司	"U" 型
哈武尔等（2010 年）	中国、印度和南非 新创企业	不显著
常和李（2011 年）	韩国 制造业上市公司	不显著

资料来源：作者手工整理。

三、国际化速度的调节作用

如前所述，既有文献在研究过程中选取的测量指标不同，可能会导致研究结论的多样性。在有关国际化速度对于企业绩效影响的研究中，有观点认为国际化速度可能调节着其他因素与企业绩效之间的关系，比如扎赫拉和乔治（Zahra and George，2002）认为企业的国际化可以从国际化程度、国际化广度和国际化速度三个维度理解，国际化程度描述的是跨国公司已经实现的国际化水平，国际化广度刻画了跨国公司获取海外经营收入的地理范围，国际化速度则强调了跨国公司进行国际化扩张的速度。

然而，以往研究更多侧重分析国际化程度和国际化广度对企业绩效的影响，对于国际化速度影响企业绩效的分析有所忽略。即便面对相同的国际化程度和国际化广度，不同的国际化速度也可能产生不同的国际化结果。因此，一些学者将国际化速度作为影响其他因素与企业绩效之间关系的权变因素（Vermeulen and Barkema，2002；Chang，2007；Zeng et al.，2013；Mohr et al.，2014），当然，研究结论也存在多样化。例如，范梅伦和巴克玛（2002）基于组织学习和时间压缩不经济理论，检验了国际化速度、范围以及节奏对于海外子公司数量与跨国公司绩效间关系的调节作用，认为国际化速度负向调节了海外子公司数量与跨国公司绩效之间的关系。瓦格纳尔（2004）的研究发现，国际化速度与运营绩效变化之间呈现倒"U"型关系，适度的、相对平衡的国际化速度有助于提升企业绩效，但过高的国际化速度则不利于企业绩效提升，甚至可能会降低企业的绩效水平。莫尔等（Mohr et al.，2014）在讨论外国市场进入时间、国际化速度以及国际化经验对母国区域集中性的绩效影响时发现，国际化速度对于强化母国区域集中性与跨国公司绩效之间的关系具有重要的意义。

根据乌普萨拉模型的解释，国际化是一个需要经历多个发展阶段的渐进的过程（Johanson and Vahlne，1997），渐进的国际化扩张模式有助于企业成功（Barkema and Drogendijk，2007）。并且，企业拥有的独特内部资源和卓越能力能够帮助企业通过快速国际化获得先动优势，有助于提升企业绩效（Chang and Rhee，2011；Chetty et al.，2014）。与之观点截然相反的是，部分学者认为快速国际化可能会使企业受到"时间压缩不经济"的影响（Dierickx and Cool，1989），在一定时间内，企业有限的吸收能力无法适应快速国际化需求，国际化速度会对企业绩效产生负向影响（Vermeulen and Barkema，2002）。也有学者认为国际化速度与企业绩效之间可能存在更为复杂的曲线关系（Powell，2014；Mohr and Batsakis，2017）。

具体到本书的研究中，我们可以结合种群生态学对于种群所处不同阶段同行业集聚和同源国集聚的表现，分别从合法化阶段和竞争性阶段来理解国际化速度对于同行业集聚与外来者劣势间关系以及同源国集聚与外来者劣势间关系的调节作用。

在合法化阶段，对同行业集聚而言，此时的种群密度较小，既有集群内的企业数量较少，子公司进入东道国市场时，不仅可以充分利用当地既有的区位资源，而且还可以获得来自同行业企业的外部性溢出，能够快速适应当地市场环境，构建合法性，因此，面临的外来者劣势较小，处于同行业集聚与外来者劣势间"U"型曲线关系的前半段。此时，进一步考虑国际化速度的影响时，快速的国际化有助于跨国公司发挥先动优势，更为迅速地获取资源并占据有利市场，成功在既有集群内实现定位。因此，在合法化阶段，国际化速度弱化了同行业集聚与外来者劣势间的负向关系。即国际化速度较快时，同行业集聚对外来者劣势的负向影响变小，"U"型曲线的前半段变得更为平缓。对同源国集聚而言，情况类似，快速的国际化，有助于削弱同源国集聚对外来者劣势的负向影响，国际化速度负向调节着同源国集聚与外来者劣势之间的关系，"U"型曲线的前半段变得更为平缓。

之后，随着越来越多企业的加入，种群密度日益增加，进入竞争性阶段。此时，种群内的成员会出现因为争夺有限资源而导致的竞争现象，同行业企业间也会因为竞争而减少知识和信息的外溢，甚至可能出现恶意竞争，子公司面临的外来者劣势增加，处于同行业集聚与外来者劣势间"U"型曲线关系的后半段。进一步考虑国际化速度时，子公司依然可以凭借其先动优势，率先利用所需资源，发挥积极作用，帮助其克服可能遭遇的歧视性对待，减少外来者劣势的影响。因此，可以认为，在竞争性阶段，快速国际化削弱了同行业集聚与外来者劣势间的正向关系。即国际化速度较快时，同行业集聚对外来者劣势的正向影响有所减弱，"U"型曲线的后半段也变得更为平坦。对同源国集聚而言，情况也类似，快速的国际化，弱化了同源国集聚对外来者劣势的正向影响。国际化速度负向调节了同源国集聚与外来者劣势之间的关系，其"U"型曲线的后半段也变得平缓。综合以上分析，参考贾慧英等（2018）有关"U"型关系调节效应的假设提法，本章针对国际化速度对于同行业集聚与外来者劣势之间以及同源国集聚与外来者劣势之间的关系的影响提出以下假设：

假设5-1a：国际化速度负向调节同行业集聚与外来者劣势的"U"型关系。即，当国际化速度较高时，同行业集聚对外来者劣势的拐点会更低，两者之间的"U"型曲线会变得更平缓。

假设 5 - 1b：国际化速度负向调节同源国集聚与外来者劣势的"U"型关系。即，当国际化速度较高时，同源国集聚对外来者劣势的拐点会更低，两者之间的"U"型曲线会变得更平缓。

第二节　实证分析

一、样本选择与数据来源

本章依然以运营在欧洲的中国制造业跨国子公司为样本，采用样本企业 2011 ~ 2021 年的数据，系统分析国际化速度对同行业集聚与外来者劣势以及同源国集聚与外来者劣势间关系的调节作用。样本企业涉及东道国以及制造业细分行业与本书第四章一致，这里不再赘述。

样本企业的基础数据均来自 Bureau van Dijk 数据库中的 Orbis 子库以及企业官网。同行业集聚和同源国集聚的基础数据也来源于 Orbis 数据库，本书手工整理了东道国企业数量、子公司所属细分行业的企业数量等数据。行业层面的上市公司数据来源于 Osiris 全球上市公司数据库。国家层面的政治制度距离和经济制度距离数据源于世界银行 WDI 数据库。文化距离数据来自霍夫斯泰德官网发布的文化六维度指数。

二、变量测量

（一）被解释变量：外来者劣势（LOF）

本章对外来者劣势的测量依然采用海外子公司的资产收益率（ROA）与当地同行业上市公司平均资产收益率（ROA）的比值，比值越大，表明子公司的相对绩效越高，外来者劣势越小。又由于在对外来者劣势进行测量时，测量指标与变量之间存在负向关系，因此，为便于解释，借鉴杜晓君等（2016）采取正向化方法这一做法，对外来者劣势进行相应的处理，当然，这样的处理方法不会影响实证结果。

（二）解释变量：同行业集聚（IA）和同源国集聚（COA）

本章的主要解释变量仍然是同行业集聚和同源国集聚。受数据获取的局限以及集聚可能存在区域规模差异的影响，为更好地反映地理要素在空间上的分布情况（杨仁发，2013），同时使得数据更加直观，同行业集聚的测量借鉴卡德尔等（2011）的方法，采用同行业区位熵进行测量，具体计算公式与第四章一致，详见式（5-1）。

$$IA_{ij} = \frac{Num_{ij}/Num_j}{Num_i/Num} \qquad (5-1)$$

其中，IA_{ij} 为 j 国 i 行业的同行业集聚区位熵，表示 j 国在 i 行业的同行业集聚水平；Num_{ij} 表示 j 国 i 行业的企业数量；Num_j 表示 j 国所有的企业数量；Num_i 表示欧洲 i 行业所有的企业数量；Num 表示欧洲所有的企业数量。若某企业数据最新报道年份为 2020 年，则该企业不再纳入 2021 年该国的企业数量，以下同。通过上述公式计算得到的区位熵数值越大，表示同行业集聚水平越高，区位熵数值越小，认为同行业集聚水平越低。

同源国集聚（COA）。同源国集聚反映了来自相同国家的跨国企业在一定地理位置内的集聚程度，考虑到本书的研究实际，参考普伊格等（2020）的方法，采用同源国区位熵进行测量，具体计算公式与第四章一致，见式（5-2）。

$$COA_j = \frac{CNum_j/Num_j}{CNum/Num} \qquad (5-2)$$

其中，COA_j 表示 j 国的同源国集聚区位熵，测量 j 国中跨国企业来自同一母国的集聚水平；$CNum_j$ 表示 j 国所有的中国企业数量；Num_j 表示 j 国所有的企业数量；$CNum$ 表示欧洲所有的中国企业数量；Num 表示欧洲所有的企业数量。区位熵数值越大，表示同源国集聚水平越高，区位熵数值越小，认为同源国集聚水平越低。

（三）调节变量：国际化速度（SP）

由于学者们对于国际化速度的界定和理解存在差异，因而对国际化速度的具体测量方法也不尽相同。奥蒂奥等（2000）采用海外销售比重的变动幅度度量国际化速度。范梅伦和巴克玛（2002）认为采用海外子公司在一定时期内成长数量的平均值或者自跨国公司第一次对外扩张起时的年份来计算国际化速度均可。罗（2005）采用自公司创立至其第一次国际化活动之间的间隔时间衡量国际化速度。周等（2014）通过衡量一个公司从创立到海外收入比例达到20%以上之间的年度间隔来测量国际化速度。

当然，也有学者以国际化元年为时间点，将国际化速度分成国际化初始进入速度和进入后速度（王益民等，2017；黄胜和叶广宇，2017；李杰义和闫静波，2019）。奥维亚特和麦克杜格尔（2005）采用企业首次开展国际化活动时的年龄来表示初始国际化速度。陈伟宏等（2021）采用企业首次进军国际市场的年份与企业成立年份之间的时间间隔表示国际化初始速度。陈等（2016）采用海外销售收入占总销售收入的比重变化率除以国际化年限（国际化年限1为企业首次对外出口至报告期的时间间隔）来进行衡量。王益民等（2017）也表示，尽管国际化速度测量指标存在差异，但是大体上可以将国际化速度分为初始进入速度和进入后的速度，初始进入速度的定义与测量强调的是进入海外时间的早晚，而进入后的速度强调的则是企业国际化程度上的快慢，由于进入后速度是企业进入海外市场之后的一种战略选择，与本书的海外子公司的样本更契合。因此，本章中的国际化速度为进入后的速度。同时，在具体的衡量过程中，借鉴陈等（2016）对国际化进入后速度的衡量方法，采用海外销售收入占总销售收入的比重变化率来进行衡量。

（四）控制变量

为避免国家层面和企业层面的其他因素对实证结果的影响，本书还选取企业层面的变量，包括企业年龄、企业性质、企业规模和企业劳动力成本以及国家层面的东道国经济发展水平、政治制度距离以及文化距离作为控制变量。具体指标选取与测量同第四章一致。

1. 企业年龄（*Age*）

根据企业的生命周期理论，企业年龄会对变量间的主效应产生一定的影响，如随着时间的推移，企业可能会因实践经验的增加而逐渐适应东道国市场环境，使其在东道国面临的外来者劣势逐渐减少。因此，企业年龄采用子公司进入海外市场的时间（年）进行测量。

2. 企业性质（*Owner*）

根据所有权性质的不同，可以将企业分为国有企业、外资企业、民营企业以及混合所有制企业，现有研究中以讨论国有企业、民营企业和外资企业的文献居多。对于跨国公司而言，其所有权性质不同，东道国利益相关者的应对行为也有所差异。跨国公司对海外市场规则不熟悉或由于其外来者身份，而难以被东道国所认同，此外，国有企业身份会加剧东道国对跨国公司的不认同感并会受到更不公平的对待。对于来自中国的海外子公司而言，东道国市场常常认为许多企业会有一定的政治目的，特别是当母公司为国有企业时，因此会采取一定的资源约束或行为限制等措施。因此，本书控制了母公司的企业性质，并采用虚拟变量测量，国有企业赋值为1，非国有企业赋值为0。

3. 企业规模（*Size*）

企业规模是反映企业综合实力的一个基本指标（李正卫等，2014）。一般的，企业规模越大，可供其利用的资源就越多，该企业在东道国市场运营的灵活性越强（Kogut and Singh，1988），对企业绩效的影响也越大。鉴于本书中的外来者劣势采用绩效指标进行衡量，因此，本书也进一步控制了企业规模，并选取子公司的总资产进行计算。

4. 企业劳动力成本（*EC*）

企业的发展往往也会受制于其劳动力成本，尤其是对于制造业而言。考虑到全球经济的发展趋势以及中国企业的发展现状，目前的劳动力成本日益增加，对于跨国公司的运营也会产生一定的影响，因此，本书对海外子公司的劳动力成本进行控制，并采用 Orbis 数据库中公布的企业劳动力成本，对其取对数进行衡量，以减少对实证结果的影响。

5. 东道国经济发展水平（ED）

从已有研究看，东道国的经济发展水平也会对外国子公司的运营产生一定的影响。阿乌和李（2014）以中国台湾地区的人均 GDP 为标准，将其对外直接投资和出口所涉及的东道国分为高收入型和低收入型。世界银行也根据人均 GDP 对国家进行了划分，本书选取来自世界银行的数据，并参考薛新红（2019）的方法，采用东道国的 GDP 衡量东道国经济发展水平。

6. 政治制度距离（ID）

政治制度距离会对组织内部合法性与企业外部合法性的相互作用和契合产生重要影响（Kang and Li，2018）。政治制度距离越大，则企业获取外部合法性的难度也越大。政治制度距离数据来源于世界银行发布的《全球治理指数》，采用全球治理指数中六个维度的数据与中国的差值，该指数包含政治稳定性、政府效率、话语权和责任、腐败控制、规管质量以及法制六个维度，参考许家云等（2017）的做法，根据科格特和辛格（1988）的公式最终计算得出政治制度距离。

7. 文化距离（CD）

母国与东道国之间的文化距离也会影响到海外子公司所面临的外来者劣势程度，当两国之间存在文化差异时，东道国利益相关者的不认同也会给企业带来更多的外来者劣势。文化距离数据来源于霍夫斯泰德官网公布的霍夫斯泰德指数，其中包含六个维度：权利距离、个人/集体主义、男性/女性度、不确定性规避、长短期导向和自身放纵与约束，参考科格特和辛格（1988）的计算公式，最终得出中国与样本东道国的文化距离得分。

当然，为避免异常值对实证结果的影响，本书也对数据进行了相应的清洗，并将研究中涉及的所有变量和测量指标进行汇总，见表5-3。

表 5 – 3 变量定义

变量	变量名称	符号	测量指标
被解释变量	外来者劣势	LOF	子公司 ROA 与东道国上市公司平均 ROA 比值
解释变量	同行业集聚	IA	同行业区位熵
	同源国集聚	COA	同源国区位熵
调节变量	国际化速度	SP	海外销售收入占总销售收入的比重变化率
控制变量	企业年龄	Age	子公司进入海外市场的时间（年）
	企业性质	Owner	国有企业为1，否则为0
	企业规模	Size	企业总资产，取对数
	企业劳动力成本	EC	企业劳动力成本，取对数
	东道国经济发展水平	ED	东道国国内生产总值，取对数
	政治制度距离	ID	全球治理指数
	文化距离	CD	霍夫斯泰德指数

资料来源：作者手工整理。

三、模型构建

采用绩效指标测量外来者劣势时，考虑到企业绩效通常存在惯性依赖作用，会受到前期绩效的影响，传统的估计方法可能会存在同期数据潜在的逆向因果等内生性问题。为了能够有效地解决上述问题，本章采用系统广义矩估计法（GMM），将滞后变量作为工具变量，构建动态面板数据模型对本章假设进行检验。需要解释的是，由于同行业集聚和同源国集聚对外来者劣势的影响同本书第四章的验证过程一致，这里我们只针对国际化速度对同行业

集聚与外来者劣势之间的关系以及同源国集聚与外来者劣势之间关系的调节
作用构建模型，具体如式（5-3）和式（5-4）：

$$LOF_{it} = \varphi_0 + \varphi_1 LOF_{it-1} + \varphi_2 IA_{it} + \varphi_3 IA_{it}^2 + \varphi_4 IA_{it} \times SP_{it} + \varphi_5 IA_{it}^2$$
$$\times SP_{it} + \varphi_6 SP_{it} + \varphi_7 Age_{it} + \varphi_8 Owner_{it} + \varphi_9 Size_{it} + \varphi_{10} EC_{it}$$
$$+ \varphi_{11} ED_{it} + \varphi_{12} ID_{it} + \varphi_{13} CD_{it} + \mu_i + \varepsilon_{it} \qquad (5-3)$$

$$LOF_{it} = \sigma + \sigma_1 LOF_{it-1} + \sigma_2 COA_{it} + \sigma_3 COA_{it}^2 + \sigma_4 COA_{it} \times SP_{it}$$
$$+ \sigma_5 COA_{it}^2 \times SP_{it} + \sigma_6 SP_{it} + \sigma_7 Age_{it} + \sigma_8 Owner_{it} + \sigma_9 Size_{it}$$
$$+ \sigma_{10} EC_{it} + \sigma_{11} ED_{it} + \sigma_{12} ID_{it} + \sigma_{13} CD_{it} + \mu_i + \varepsilon_{it} \qquad (5-4)$$

其中，LOF_{it} 为外来者劣势；LOF_{it-1} 为外来者劣势的一阶滞后项；IA_{it} 为同行业集聚；IA_{it}^2 为同行业集聚的平方项；COA_{it} 为同源国集聚；COA_{it}^2 为同源国集聚的平方项；SP 为国际化速度；$IA \times SP$ 和 $IA^2 \times SP$ 分别表示同行业集聚及其平方项与国际化速度的交互项；$COA \times SP$ 和 $COA^2 \times SP$ 分别表示同源国集聚及其平方项与国际化速度的交互项；Age_{it} 是企业年龄；$Owner_{it}$ 是企业性质；$Size_{it}$ 是企业规模；EC_{it} 是企业劳动力成本；ED_{it} 是东道国经济发展水平；ID_{it} 是政治制度距离；CD_{it} 是文化距离；μ_i 为不随时间变化的个体效应变量；ε_{it} 为误差项。

汉斯等（2016）通过回顾 1980~2012 年发表在《战略管理杂志》（*Strategic Management Journal*）上的 110 篇相关文献后指出，对于"U"型或倒"U"型关系调节效应的分析中，曲线拐点的左移或右移以及曲线变平坦或陡峭的问题没有被很好地讨论，大多数文献没有意识到这两种调节方法在理论和实践中存在显著差别，并结合相应的理论分析和公式推导，提供了"U"型或倒"U"型关系调节效应的检验方法。基于此，本书参考汉斯等（2016）的方法，检验国际化速度对同行业集聚与外来者劣势以及同源国集聚与外来者劣势之间"U"型曲线的调节效应。一方面，检验"U"型或倒"U"型曲线的拐点位置是否发生移动，是向左移动了还是向右移动了；另一方面，检验"U"型或倒"U"型曲线的形状是否发生变化，是更陡峭了还是更平缓了。贾慧英等（2018）在分析研发投入跳跃对组织绩效产生的影响以及环境动态性和吸收能力对上述关系的调节效应时，认为汉斯等（2016）的方法能够较为完整的展示"U"型曲线的变化情况。因此，结合本书第四章的内容，以式（5－3）为例，讨论国际化速度对同行业集聚与外来者劣势之间"U"型关系的调节作用。

式（5－3）中，对 IA 求导并令其导数等于0，可以得到拐点的位置 $x^* = \dfrac{-\varphi_2 - SP \times \varphi_4}{2\varphi_3 + 2SP \times \varphi_5}$，可见，拐点的位置不仅与 φ_2、φ_3、φ_4、φ_5 等系数相关，还与调节变量 SP 相关，而曲线形状的变化仅由二次项的系数 φ_5 决定（Haans et al.，2016）。同理，在分析国际化速度对同源国集聚与外来者劣势之间"U"型关系的调节作用时，式（5－4）中对 COA 求导，并令其导数等于0，可以得到拐点的位置 $x^* = \dfrac{-\sigma_2 - SP \times \sigma_4}{2\sigma_3 + 2SP \times \sigma_5}$，拐点的位置与 σ_2、σ_3、σ_4、σ_5 等系数相关，也与调节变量 SP 相关，而曲线形状的变化仅由二次项的系数 σ_5 决定（Haans et al.，2016）。

四、结果分析

（一）描述性统计与相关性分析

1. 描述性统计

样本数据的描述性统计和相关性分析结果见表5－4。本书使用方差膨胀因子（VIF）进一步分析了所有潜在的多重共线性问题。由结果可知，所有模型中的 VIF 值均低于10，表明模型变量不存在严重的多重共线性问题。通过最初的描述性统计发现，部分变量，尤其是外来者劣势（LOF）的两端离群值较大，为了避免严重离群值对研究结论的干扰，本书对除企业性质（$Owner$）以外的非虚拟变量分别在两端1%和99%的水平上进行了相应的缩尾处理，处理后的描述性统计结果如表5－4所示。

表 5 - 4 变量的描述性统计结果

变量	均值	中位数	标准差	最小值	最大值
LOF	-0.414	-0.491	9.354	-37.499	44.409
IA	2.912	2.634	1.610	0.545	9.329
COA	2.081	0.800	2.621	0.156	11.686
SP	4.978	0.037	113.443	-501.933	567.060
Age	2.763	2.833	0.864	0.000	4.771
Owner	0.176	0.000	0.381	0.000	1.000
Size	14.511	15.460	3.364	4.028	20.030
EC	13.463	14.171	2.669	6.959	18.067
RD	2.049	0.878	2.855	-0.298	13.930
ED	9.149	9.767	1.184	6.054	10.480
CD	1.077	0.207	1.527	0.121	5.173
ID	3.777	2.834	2.523	0.226	10.381

资料来源：作者手工整理。

2. 相关性分析

在使用 Stata 进行系统 GMM 估计之前，本书也进行了变量之间的相关性检验，具体结果如表 5-5 所示。一般认为，变量之间的系数如果大于 0.8，说明两者之间可能存在较大的相关性，如果变量之间相关系数小于 0.8，可以认为变量之间不存在较为严重的多重共线性问题。从表 5-5 可以看出，同行业集聚与同源国集聚均与外来者劣势显著相关，同时，调节变量国际化速度也与外来者劣势存在显著性关系，进一步表明变量选取的合理性。

表 5 - 5

变量的相关性分析

变量	LOF	IA	COA	SP	Age	Size	Owner	EC	ED	ID	CD
LOF	1.000										
IA	0.027*	1.000									
COA	-0.012*	0.001	1.000								
SP	-0.010*	-0.033**	-0.012	1.000							
Age	-0.039***	0.047***	0.012	-0.016	1.000						
Size	0.021	-0.150***	0.049***	0.083***	0.206***	1.000					
Owner	0.012	-0.050***	0.101***	0.010	0.137***	0.168***	1.000				
EC	-0.015	-0.284***	-0.057***	0.074***	0.142***	0.938***	0.127***	1.000			
ED	-0.018	0.013	0.034**	-0.028*	0.133***	0.050***	0.137***	0.162***	1.000		
ID	0.040***	-0.276***	0.180***	-0.009	0.195***	0.175***	0.253***	-0.021	0.212***	1.000	
CD	0.029**	-0.219***	-0.233***	0.037**	0.014	0.065	-0.046***	-0.075***	-0.509***	0.255***	1.000

注：*、**、*** 分别表示在10%、5%、1%的水平上显著，下同。

（二）国际化速度的调节效应分析

结合前面的理论分析，为进一步检验国际化速度对同行业集聚与外来者劣势以及同源国集聚与外来者劣势之间"U"型关系的调节作用，本章设定模型7和模型8以及模型9和模型10。其中，模型7在表4-6模型3的基础上增加了国际化速度，以及国际化速度与同行业集聚的交互项，模型8在模型7的基础上增加了国际化速度与同行业集聚平方项的交互项。为验证国际化速度对同源国集聚与外来者劣势"U"型关系的调节作用，设定模型9和模型10。模型9在表4-6模型3的基础上增加了国际化速度，以及国际化速度与同源国集聚的交互项，模型10在模型9的基础上增加了国际化速度与同源国集聚平方项的交互项，具体如表5-6所示。

表5-6　　　　　　　　　国际化速度的调节效应检验结果

变量	同行业集聚			同源国集聚	
	模型1	模型7	模型8	模型9	模型10
$L.LOF$	0.094 *** (0.013)	0.403 *** (0.012)	0.350 *** (0.084)	0.062 *** (0.013)	0.066 *** (0.025)
IA		−0.009 (1.042)	−1.006 (2.705)		
IA^2		0.073 (0.128)	0.174 (0.347)		
COA				−0.307 (0.253)	−3.086 ** (1.344)
COA^2				0.028 (0.022)	0.444 *** (0.158)
SP		−0.086 *** (0.012)	−0.100 ** (0.043)	−0.004 (0.005)	−0.072 ** (0.031)
$IA \times SP$		0.048 *** (0.006)	0.073 ** (0.030)		
$IA^2 \times SP$			−0.004 * (0.002)		

续表

变量	同行业集聚			同源国集聚	
	模型 1	模型 7	模型 8	模型 9	模型 10
$COA \times SP$				0.008 *** (0.002)	0.092 *** (0.030)
$COA^2 \times SP$					-0.030 *** (0.007)
Age	-0.423 (0.218)	0.536 *** (0.198)	-0.526 * (0.293)	0.090 (0.303)	0.900 ** (0.364)
Size	-0.221 (0.152)	-0.358 ** (0.147)	-0.216 (0.245)	4.074 *** (1.016)	-0.066 (0.248)
Owner	-0.383 (0.438)	0.753 ** (0.353)	0.699 (0.630)	-0.424 (0.720)	0.277 (0.554)
EC	0.298 ** (0.137)	0.323 ** (0.141)	0.181 (0.241)	-3.686 *** (0.926)	0.350 (0.217)
ED	-0.241 * (0.136)	-1.660 *** (0.602)	-1.938 (1.294)	-0.380 (0.270)	1.062 ** (0.478)
ID	0.117 (0.087)	-0.038 (0.086)	0.012 (0.146)	0.722 *** (0.212)	0.149 (0.130)
CD	-0.051 (0.106)	-0.234 (0.293)	-0.508 (0.725)	-0.393 (0.258)	0.434 ** (0.218)
Cons.	2.005 (1.292)	17.794 ** (7.177)	22.193 (17.260)	-10.850 *** (3.300)	-9.686 *** (3.397)
AR (1)	0.000	0.000	0.000	0.000	0.013
AR (2)	0.114	0.564	0.661	0.149	0.296
Hansen	0.978	0.360	0.361	0.510	0.364

注：L. LOF 为外来者劣势的滞后一期，系统 GMM 估计过程采用了两步法（two-step）；括号内数值为稳健标准误；Hansen 值报告了工具变量过度识别检验的 P 值；AR（1）和 AR（2）值分别表示一阶序列相关检验和二阶序列相关检验的 P 值。

表5-6 的检验结果中，模型1 仍然是仅包含外来者劣势的滞后项和控制变量的基础模型，由结果可知，外来者劣势的一阶滞后项与被解释变量显著

正相关，表明外来者劣势的确存在滞后，采用系统 GMM 估计方法较为合理。在模型 8 中，国际化速度与同行业集聚交互项（$IA \times SP$）以及国际化速度与同行业集聚平方项的交互项（$IA^2 \times SP$）的回归系数均显著，表明国际化速度对于同行业集聚与外来者劣势间的"U"型关系存在调节作用。

进一步参照汉斯等（2016）的方法判断拐点位置的变化以及曲线形状的变化。首先，判断拐点位置的变化，分别取中等国际化速度（均值）和较高的国际化速度（均值 + 标准差）两个特殊值。在模型 8 调节变量设定的前提下，表 5 - 4 中 SP 取均值 4.978，按照公式计算中等国际化速度下的拐点为

$$IA_M = \frac{-\varphi_2 - SP \times \varphi_4}{2\varphi_3 + 2SP \times \varphi_5} = (1.006 - 4.978 \times 0.073)/(2 \times 0.174 - 2 \times 4.978 \times$$

$0.004) = 2.085$。表 5 - 4 中 SP 取"均值 + 标准差"，即 $4.978 + 113.443 =$ 118.421，按照公式计算较高的国际化速度水平下的拐点为 $IA_H =$

$$\frac{-\varphi_2 - SP \times \varphi_4}{2\varphi_3 + 2SP \times \varphi_5} = (1.006 - 118.421 \times 0.073)/(2 \times 0.174 - 2 \times 118.421 \times$$

$0.004) = 12.752$，由于 IA_H 的值大于 IA_M 的值，表明拐点位置向右移动。其次，判断曲线形状的变化，由于国际化速度与同行业集聚平方项的交互项（$IA^2 \times SP$）的回归系数为 -0.004，与 IA^2 的系数（0.174）方向相反，因此，可以认为当国际化速度更高时，同行业集聚与外来者劣势间的"U"型曲线更平缓。综上所述，假设 5 - 1a 得到验证，即国际化速度负向调节了同行业集聚与外来者劣势的"U"型关系，两者之间的"U"型曲线变得更为平缓。

模型 10 中国际化速度与同源国集聚的交互项（$COA \times SP$）以及国际化速度与同源国集聚平方项的交互项（$COA^2 \times SP$）的回归系数均显著，表明国际化速度对于同源国集聚与外来者劣势间的"U"型关系存在调节作用。

类似的，参照汉斯等（2016）的方法判断拐点位置的变化以及曲线形状的变化。首先，判断拐点位置的变化，分别取中等国际化速度（均值）和较高的国际化速度（均值 + 标准差）两个特殊值。在模型 10 调节变量设定的前提下，表 5 - 4 中 SP 取均值 4.978，按照公式计算中等国际化速度下的拐点为

$$COA_M = \frac{-\sigma_2 - SP \times \sigma_4}{2\sigma_3 + 2SP \times \sigma_5} = (3.086 - 4.978 \times 0.092)/(2 \times 0.444 - 2 \times 4.978 \times$$

0.003）＝4.462。表5－4中 SP 取"均值＋标准差"，即 4.978＋113.443＝118.421，按照公式计算较高的国际化速度水平下的拐点为 $COA_H=$ $\dfrac{-\sigma_2-SP\times\sigma_4}{2\sigma_3+2SP\times\sigma_5}$ ＝（3.086－118.421×0.092）/（2×0.444－2×118.421×0.003）＝1.256，COA_H 的值小于 COA_M，认为拐点位置向左移动。其次，判断曲线形状的变化，由于 $COA^2\times SP$ 的回归系数为－0.030，与 COA^2 的系数（0.444）方向相反，因此，可以认为，当国际化速度较快时，同源国集聚与外来者劣势间的曲线更平缓，见图5－1右图。综合以上分析，假设5－1b得到了验证，即国际化速度负向调节了同源国集聚与外来者劣势的"U"型关系，两者之间的"U"型曲线变得更为平缓。

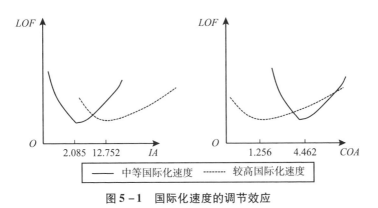

图 5－1　国际化速度的调节效应

第三节　本章小结

　　时间和速度是理解企业国际化进程和战略的关键维度，对中国的跨国公司也不例外。一些围绕中国企业的国际化现象的讨论与分析，同样与国际化速度有着密切的关系。比如，一些学者认为新兴市场的跨国公司通常会受到母国政府或母国制度的压力，产生制度逃逸现象，试图快速进入海外市场。但这一行为也可能产生由于严重缺乏相关的国际化关键资源和管理能力而导致的巨大运营风险，引起跨国公司的海外投资成功率下降

（Peng，2012；Wei et al.，2015；Deng and Yang，2015），因此，学者对于加速国际化持怀疑甚至否定的态度。当然，也有研究认为快速国际化有助于跨国公司及其子公司掌握先动优势，迅速占领市场及相关资源，为其国际化经营活动提供支持，因而提升其投资成功率，实现在东道国市场的生存与发展。

本章在本书第四章分析的基础上，进一步讨论了国际化速度对于同行业集聚与外来者劣势以及同源国集聚与外来者劣势之间关系的调节效应，并运用系统 GMM 估计方法以及汉斯等（2016）关于"U"型关系调节效应的检验方法进行了相应的实证分析。通过分析，得出如下结论：

第一，国际化速度负向调节了同行业集聚与外来者劣势之间的"U"型关系。合法化阶段，种群密度较小，既有集群内的企业数量较少，子公司不仅可以充分利用当地既有的区位资源，还可以获得来自同行业企业的外部性溢出，因此，面临的外来者劣势较小。进一步考虑国际化速度的影响时，快速的国际化有助于跨国公司发挥先动优势，迅速占据有利市场，成功实现定位。因此，国际化速度弱化了同行业集聚与外来者劣势间的负向关系，同行业集聚与外来者劣势间"U"型曲线的前半段变得更为平缓。随着越来越多企业的加入，种群密度加大，种群内的成员会因争夺有限资源而产生竞争，子公司面临的外来者劣势增加。国际化速度较快时，子公司依然可以发挥先动优势，率先利用所需资源，减少外来者劣势的影响。因此，国际化速度弱化了同行业集聚对外来者劣势的正向影响，两者之间"U"型曲线的后半段也变得更为平坦。

第二，国际化速度负向调节了同源国集聚与外来者劣势之间的"U"型关系。基于同源国集聚与外来者劣势的"U"型关系，在企业的国际化速度较高的情况下，合法化阶段，随着同源国集聚水平的上升，企业能够迅速与其他相同母国企业建立信任的社会联系，获取具有黏性的信息与知识，因此，外来者劣势下降的速度加快。即，国际化速度弱化了合法化阶段同源国集聚与外来者劣势间的负向关系，同源国集聚与外来者劣势间"U"型曲线的前半段变平缓。进入竞争性阶段后，东道国利益相关者会更多关注外来者的政治目的，因而遭受更多的歧视性对待。快速国际化帮助子公司在当地构建起相应的社会关系，获取所需资源，减少外来者劣势的消极影响，因此，国际化速度也进一步弱化了竞争性阶段同源国集聚与外来者劣势间的正向关系，同源国集聚与外来者劣势间"U"型曲线的后半段变平缓。

第六章
集聚、心理距离与外来者劣势

考虑到同行业集聚与同源国集聚对外来者劣势产生影响的过程中，也可能受到其他因素的影响，本章进一步选取国家层面的影响因素，在对心理距离基本内涵以及构成维度等基本问题进行分析的基础上，剖析其在同行业集聚与外来者劣势间关系以及同源国集聚与外来者劣势间关系上的调节作用。

第一节　理论分析与研究假设

本节主要在阐述心理距离的基本内涵及其构成维度的基础上，通过分析心理距离对于企业绩效的影响，进一步剖析心理距离对于同行业集聚与外来者劣势关系以及同源国集聚与外来者劣势关系间的调节作用，并根据理论分析提出相应的研究假设。

一、心理距离的基本内涵

心理距离（Psychic Distance）最初源于美学领域，心理学家布洛（Edward Bullough）首次提出了心理距离的概念，认为心理距离是一种认知或者体验式的美学范式，需要我们改变看待世界的视角，如果可以将事物置于一定的距离之外，则会产生一些新的感受，这一概念通常带有一定的比喻意义。

之后，贝克曼（Beckerman，1956）在剖析距离对于西欧贸易模式的影响时指出，除了经济距离之外，心理距离也会对贸易成本产生重要的作用，国家之间的语言障碍会让两国的经营者产生一定的心理距离，干扰企业与市场之间的信息决策，进而影响彼此之间的贸易活动。在运输费用相近的情况下，企业家更倾向于选择进入心理距离小的国家开展国际贸易活动，这一研究被视为心理距离进入经济学领域的开创性研究，但他的研究中仅仅提出了心理距离的概念，并未对心理距离作出具体详尽的界定（Dow and Ferecikova，2010）。

在此后的 20 多年，心理距离的概念并没有在国际商务和贸易经济等相关领域中得到广泛应用。直到 20 世纪 70 年代，约翰逊和保罗 – 维德舍因（Johanson and Widershein-Paul，1975）进一步将心理距离引入国际商务领域，分析企业国际化问题，将心理距离定义为东道国与母国之间在语言、文化、制度环境、工业发展程度以及教育水平等方面的差异，并以 4 家瑞典公司为例，讨论了心理距离与企业市场拓展之间的关系，认为心理距离阻碍了跨国公司与市场之间的信息流动，不利于信息的正常传递，削弱了信息获取的有效性，因此，企业更倾向于进入心理距离近的国家。约翰逊和瓦尔恩（Johanson and Vahlne，1977）在讨论企业国际化阶段理论时指出，企业国际化是跨国公司逐渐了解国际市场，并运用国际化知识和经验的一个渐进的动态过程，在此过程中，心理距离影响着跨国公司的国际市场进入，按照企业国际化阶段理论的解释，心理距离的存在，影响市场之间的信息传递，主要表现在诸如政治、经济、文化、语言以及教育等多个方面，也进一步验证了企业在进行海外市场选择时，更青睐于心理距离近的国家或市场。瓦尔恩和维德舍因（1977）在分析企业海外市场选择问题时明确指出，心理距离阻碍着潜在供应商与顾客之间的信息传递。诺德斯特姆和瓦尔恩（Nordstrom and Vahlen，1994）认为，心理距离是由两国之间的文化差异而导致的阻碍跨国公司进一步了解国外市场的因素，两国之间的心理距离越小，则各企业之间更容易相互学习，从而降低其在进入东道国市场时可能面临的不确定性。此后，越来越多的学者加入讨论心理距离对投资决策以及国际贸易影响的相关研究中，心理距离也得到了更为广泛的关注和应用。

由于心理距离所涉及的内容较为宽泛，学者们虽然一直在尝试剖析其可能的组成要素，但目前仍未达成一致的观点。综合既有文献的主要观点，学者们大致分别从信息流动和心理感知两个方面进行了相应的分析。具体表现在：

一方面，从信息流动视角看，认为心理距离很大程度上阻碍了信息在国际市场上的正常流动，影响着跨国公司对于东道国市场有效信息的获取和分析，增加了交易成本，并进一步影响着企业的国际化进程（Brewer，2007）。为解决上述问题，跨国公司常常会通过制定渐进式的市场进入策略，首先采用小规模低频次的方式出口东道国，随着市场的逐渐成熟，可以考虑依次设立办事处，建立销售分公司，并最终发展成为能够开展生产制造活动的海外子公司（Johanson and Wiedersheim-Paul，1975；Johanson and Vahlne，1977）。多数观点认为信息流动视角的心理距离侧重从较为宏观的层面分析心理距离对企业国际化活动的影响，将心理距离视为一种客观存在的差异（Ellis，2008；Sousa and Bradley，2007），是诸多阻碍信息流动要素的总和。比如，凯伦等（Klein et al.，1990）在讨论跨国公司管理人员本土化的相关问题时指出，心理距离通过不同市场之间在语言、商业惯例以及经济环境等多方面的差异来阻碍市场间的信息流动，对于国际市场的商务活动产生负向影响。贝洛和吉利兰（Bello and Gilliland，1997）从文化差异入手，认为不同文化圈内的文化传统差异负向影响着各国在国际贸易活动中的沟通与交流，导致信息传递不通畅，传递效果不理想。巴巴拉和施莱格尔米尔希（Barbara and Schlegelmilch，1998）认为心理距离可以作为一个出口行为的预测变量，是存在于国际市场之间的异质性。他们以美国的样本为例，通过与日本、德国、芬兰以及奥地利等国家的比较后发现，在考虑国际市场异质性的基础上，市场结构的差异限制了资本的正常流动，其中，心理距离是一个重要的考量依据。布洛姆奎斯特和德龙根迪克（Blomkvist and Drogendijk，2013）将心理距离划分为七个维度，分析了心理距离对于对外直接投资的影响，并结合 2004～2013 年中国对外直接投资的数据进行实证检验后指出，语言距离对中国对外直接投资的影响最大，其次是政治距离，文化距离的影响反而是最小的，两国之间在政治制度、宗教信仰以及经济发展水平等因素的差异影响着跨国公司在目标市场运营时的不确定性。萨克德夫和贝洛（Sachdev and Bello，2014）运用交易成本和国际化理论分析制造业企业的出口投入问题时，将心理距离界定为跨国公司在国际市场中开展生产经营活动时，能够被当地所接受的难易程度，并认为心理距离可以作为一种调节变量，弱化资产专用性与信息共享之间的关系。

当然，在相关的研究过程中，也有学者持不同观点。比如奥格拉迪和莱恩（O'Grady and Lane，1995）从信息流动的视角剖析了分别来自美国和瑞典的零售商在彼此市场上的表现，得出了与传统观点截然相反的结论，产生了所谓的心理距离悖论。道和卡拉纳拉特纳（Dow and Karunaratna，2006）选取了 38 个国家的数据，讨论了政治制度、宗教信仰、语言、教育水平以及时区差异对国际贸易的影响，发现政治制度和教育水平对国际贸易产生消极影响，时区差异对国际贸易的影响部分显著，但语言对国际贸易的影响不显著，认为语言对于国际商务活动的影响有限，这一研究结论与传统观点存在分歧。究其原因，这种悖论或者分歧的产生与心理距离的概念化紧密相关，因此，一些学者开始尝试完善心理距离的相关内容，从其他角度分析心理距离的构成及影响（Evans，2000）。

另一方面，从心理感知视角看，心理距离也与国际经济活动紧密相关。这一视角下的心理距离可以理解为决策者自身对国际市场环境的主观感知，而这种感知不仅在很大程度上取决于决策者的教育背景、情感态度以及价值观等个体特征，还受到决策者的国际化经验以及对东道国市场的理解和熟悉程度等因素的影响。伊万斯（Evans，2000）认为心理距离并非国家宏观要素差异的组合，可以基于个体层面加以分析，并指出跨国公司的管理人员对于东道国环境以及东道国市场知识的理解会在很大程度上影响跨国投资行为。切拉里乌等（Chelariu et al.，2006）在讨论转型经济的制度环境对于制度安排的影响时指出，心理距离本质上是母国与东道国之间在认知理念上的差异，西方国家企业对于东方国家企业的监管波动性、外来性以及当地合作伙伴的控制等问题均影响着企业的经济绩效。苏萨和布拉德雷（Sousa and Bradley，2006）通过对300多名经理的调查问卷进行分析后指出，与文化距离不同，心理距离虽然强调了母国与东道国市场之间的差异，但这种差异更多是公司管理层主观感知到的，有赖于公司管理层的个体特征，是文化距离与公司管理层个人价值观共同作用的结果。普莱姆等（Prime et al.，2009）通过收集到的一手资料，认为心理距离影响着企业对于目标市场的认知以及在当地市场的具体运营，是一种由企业感知到的文化以及商业实践等因素引起的内在的难以观察的现象。安博斯和哈坎森（Ambos and Håkanson，2014）的研究指出，心理距离不仅会受到文化、政治、经济以及地理等外部环境因素的影响，也会受到个体经验态度、价值取向以及情感认知等个体因素的影响，且后者可能是引起个体对心理距离主观感知差异的深层次原因。哈坎森（2014）认为，心理距离应该考虑决策者的个体因素，是决策者对一国市场环境的认知和理解程度，但要注意的是，这种主观感知的心理距离与实际存在的心理距离往往不对称，因此对心理距离的低估或高估都可能会增加国际贸易活动的风险。内布斯和柴（Nebus and Chai，2014）认为，对于心理距离的理解不应当仅仅关注距离，而应该将重点放在"心理"上，应该以企业管理者为中心，解释管理者的认知、经验、价值观的要素在与外部环境的相互作用中影响其决策。

总体来讲，相较于信息流动视角的分析，主观感知视角的心理距离更多关注由决策者的主观感知所决定的"心理"，即个体的主观感知是产生心理距离的重要来源（Evans and Mavondo，2002），而这种个体的主观感知又常常取决于主要决策者对目标国市场经验知识的理解和熟悉程度（Dow and Karunaratna，2006）。此外，也有学者认为应该从上述两个视角综合理解心理距离，指出心理距离是客观因素与主观感知因素的结合，可以理解为是在客观因素影响之下的可感知到的差异（Dow and Karunaratna，2006）。

综上所述，由于心理距离的构成复杂，因此学者们对于心理距离的定义也尚不统一，但就目前而言，以道和卡拉纳拉特纳（2006）的定义最为全面和综合，被学者们引用和借鉴的也最多。因此，本书借鉴他们的研究成果，认为心理距离是在主观认知影响下，语言差异、宗教信仰差异、文化差异、政治制度差异、受教育程度差异、产业发展水平差异、地域差异等多个方面因素的综合。

二、心理距离的构成维度

无论是信息流动视角，还是主观感知视角，心理距离都是由一系列较为复杂的因素所构成。因此，基于心理距离讨论相关问题时，结合不同的研究目标，学者们常常通过构建心理距离的指标体系对心理距离进行相应的测量。本书梳理了近年来有关心理距离测量的相关内容，发现既有的关于心理距离指标体系的构建大致有以下几类。

（一）三维度测量

从三维度视角分析心理距离的相关文献主要有：贝洛和吉利兰（1997）在测量心理距离时，分别考虑了两国之间的国民价值体系、社会文化以及官方常用语言差异三个维度，通过构建相应的指标体系进行实证检验。普莱姆等（2009）在分析心理距离的概念、可操作性以及测量方法等问题的基础上，通过分析法国制造业企业出口经理的调查问卷，在讨论心理距离与一国的对外贸易出口之间的关系时，认为心理距离所包含的诸多因素中，只有部分因素可能会影响到一国的对外贸易出口，即两国之间的文化、所处的营商环境以及企业具体的经营行为。易江玲和陈传明（2014）的研究视角较为独特，他们从中国传统文化中的缘分视角测量了中国对内心理距离以及对外心理距离，认为可以分别从典缘、地缘和人缘三个维度理解心理距离，并将政治制度与文化归类为典缘，将地理距离与共同边界归类为地缘，将华人社会网络及语言构成归类为人缘。相对而言，三维度视角的心理距离分析比较早期，也较为宽泛。

（二）四维度测量

当然，也有一些学者从四维度视角分析心理距离的构成。比如，陈江虹（2015）在讨论心理距离对中国对外直接投资的影响时，构建了心理距离的指标体系，具体包括政治制度、文化、地理以及社会发展水平四个指标，并通过剖析各项指标与中国对外直接投资的关系后发现，地理位置的影响最大。张爽（2017）在计算心理距离时，构建了心理距离指标体系，包含制度与政治、文化、宗教以及地理四项指标，讨论了东道国的市场需求与心理距离之间的关系，认为心理距离四维度中的制度和政治距离、文化距离、地理距离均显著影响着中国的对外直接投资。随着心理距离的增加，中国的对外直接投资逐渐减少。

（三）五维度测量

随着研究的不断开展和研究成果的日益丰富，对于心理距离划分维度的讨论也逐渐增加，其中，五维度视角的测量方法应用最为广泛，被现有文献借鉴的也最多。约翰逊和维德舍因（1975）最早构建了五维度心理距离指标体系，认为心理距离应该包括语言、政治体制、文化、教育水平以及产业发展水平五个方面。博亚奇吉勒（Boyacigiller，1990）在分析运营在 43 个东道国的美国的银行的 84 家分支机构对于国家和分支机构等要素的不同利用率时，构建了包括外来移民情况、政府组织形式、两国国民的宗教信仰、使用的语言以及两国经济发展水平的差距等在内的心理距离五维度指标体系。凯伦等（1990）在讨论跨国公司管理人员本土化的相关问题时指出，构建的心理距离指标体系包括社会环境、企业文化、法律系统、语言以及通信系统五个维度。道格拉斯（Douglas，2000）等从母国文化、工业发展水平、语言、教育水平和政治差异五个方面构建了心理距离测量的模型，分析了澳大利亚国际企业管理人员所考虑的心理因素。查尔德（Child，2002）在前人研究的基础上，结合投资于中国香港的五家公司管理层的调研数据，分别从母国文化、工业发展水平、语言、教育水平和政治差异五个方面界定了心理距离，指出构成心理距离的各个维度对外来投资产生的影响存在差异，其中母国文化的影响力可能被夸大。霍杰、蒋周文和杨洪青（2011）结合65670家外商直接投资企业数据讨论心理距离对于进入模式的影响时，分别从政治体制、工业发展水平、语言、宗教和教育水平五个维度构建了心理距离指标体系，发现语言和工业发展水平差异负向影响独资模式进入，宗教差异正向影响独资模式进入，教育水平和民主差异并未显著影响进入模式。总体而言，五维度视角的维度划分较多，应用也较为广泛。

（四）六维度测量

国内学者姜玲艳（2011）从政治民主制度、宗教、国家文化、语言、高等教育水平和早期殖民地关系六个维度测量心理距离，讨论了心理距离对美国外商直接投资的影响，认为东道国或地区的类型显著影响着美国的对外直接投资分布；跨国公司的对外直接投资一般倾向于经济规模较大、地理空间距离较近以及心理距离较小的国家或地区。张军（2014）在讨论企业国际化进程时，从地理、商业、历史、政治、社会以及信息联系六个维度，运用14个指标构建了心理距离指标体系，并对上述六个维度在心理距离中的权重进行了相应的测算分析。

（五）七维度测量

著名学者伊万斯和马文多（Evans and Mavondo，2002）通过对心理距离已有维度的总结，首次采用了七个维度测量心理距离，具体包括政策体制、两国之间产业发展水平、文化差异、官方用语、国民受教育程度、企业活动以及经济发展水平。道和卡拉纳拉特纳（2006）分别从个体角度和客观因素两个方面区分了心理距离，并指出个体角度的心理距离是由个人的主观认知差异引起的，对于不同的个体来说，其主观感知到的差异会影响到心理距离。而客观因素影响下的心理距离，往往不会随个人主观感知的变化而发生变化，因而也更便于测量和应用，这些因素主要包括两国之间的文化差异、国民素质差异、语言差异、政治制度差异、宗教、产业发展水平、时区和历史殖民关系七个方面。布鲁尔（Brewer，2007）尝试构造更为全面的心理距离指标体系，基于跨国经营主体，从企业角度通过采用 15 个变量构建了七维度的心理距离，具体包括商业、历史、政治、社会、地理、信息联系以及发展水平。其中，历史因素主要强调两国之间是否曾经有过一个国家被另一个国家殖民统治的经历，或者两个国家是否曾经为战争同盟。易江玲（2014）分别从文化、语言、法律、政治制度、地理、历史和社会发展水平七个维度构建了心理距离的指标体系，并通过测量中国与其他国家的心理距离，检验了心理距离对中国国际投资流向的影响，认为中国的内向外商直接投资和外向外商直接投资均与两国间的心理距离负向相关，并指出不能将文化距离等同于心理距离，两者还是存在差别的。总之，七维度视角的划分更多是在原有基础上，加入相应的联系等要素。

综上所述，无论哪种划分标准和划分方式，学者们均可以依据研究对象的特征和实际情况，酌情选择。本书主要在道和卡拉纳拉特纳（2000）根据心理距离各维度构成因素分析的基础上，建立包括语言差异、宗教信仰差异、文化差异、政治制度差异、受教育程度差异、产业发展程度差异、地理差距七个要素的指标体系。

三、心理距离与企业国际化的关系研究

有关心理距离与企业国际化的研究很大程度上集中于讨论心理距离随着企业对于东道国的认知、态度以及相应行为的变化而变化，且在不同制度环境的影响下，心理距离的影响也存在差异。考虑到本书主要讨论同行业集聚与同源国集聚对外来者劣势的影响以及心理距离在两者之间关系的调节作用，因此，仅对基于心理距离对海外市场区位选择以及对外商直接投资影响的相关研究进行相应的梳理。

（一）心理距离对海外市场区位选择的影响

在企业国际化的相关研究中，学者们分别从不同的视角讨论了心理距离对区位选择的影响，但目前的研究结论并不统一。多数观点认为心理距离与

区位选择负相关，即由于母国与东道国之间在历史文化、政治制度、语言、国民教育水平以及工业发展水平等多个维度上存在差异，心理距离会对企业的国际化经营带来较大的威胁和挑战，故而跨国公司会倾向于选择心理距离较小的国家或地区开展相应的跨国经营活动。比如，戴维森（Davidson，1983）认为，跨国公司通常会在进军海外市场时，选择进入能够较为充分掌握市场信息和心理距离较小的市场，以避免海外市场的不确定性对经营活动的影响。科格特和辛格（1988）较为经典的文献中，也认为跨国公司更容易熟悉心理上与本国更为接近的东道国的市场环境，从而削弱可能面临的不确定性。海伦和维德舍因（1984）以及阿金亚和杰恩（Ajinkya and Jain，1989）的研究也都指出心理距离较小的国家对于投资商来说更具吸引力，特别是在进行国外市场评估时。贝尼托和格里普斯鲁德（Benito and Gripsrud，1992）发现，瑞典的跨国公司在进行投资目的国选择时，会对预计收入与成本进行相应的评估，期望通过不断增加对目的国市场的了解进一步减少经营成本和可能的不确定性，研究表明经验知识会影响跨国公司在海外市场的运营成本，因此他们会优先进入与其心理距离更小的国家。

伊万斯和布莱德森（Evans and Bridson，2005）构建了一个心理距离与组织绩效间关系的框架，研究发现，由于不同的市场结构和商业行为的不确定性，市场之间的心理距离会显著影响公司的市场战略和区位选择，当进入心理距离大的市场时，零售商应该采取低成本或低控制的进入战略。提哈尼等（Tihanya et al.，2005）也认为，无论在理论上还是实证结果中，市场选择和进入模式选择都与心理距离都显著相关。道和卡拉纳拉特纳（2006）指出，母国与东道国之间的心理距离影响着投资者对目的国市场环境的认知与了解，进而影响到其可能的投资决策，当心理距离较小时，投资商会更便利地了解目的国的市场环境，进行更为有利的投资决策。程等（Cheng et al.，2008）利用中国在 90 个东道国的对外直接投资在 2003～2006 年的相应数据，讨论文化相似度与对外直接投资的关系时指出，中国的对外直接投资更青睐于那些使用汉语的国家，即与中国相似度越高的东道国，对中国企业的投资活动越具吸引力。哈坎森和道（2012）在讨论先前的网络与国际贸易以及与经济增长之间关系问题时，通过国际贸易的相关数据实证分析后发现，虽然经济全球化的进一步发展缩短了两国之间的心理距离，但心理距离仍然存在，对相应的贸易或投资活动有着负向作用。布洛姆奎斯特和德龙根迪克（2014）的研究指出，相对而言，虽然大型的跨国公司抵御风险的能力更强，但在实际的国际化扩张过程中，他们也依然会优先选择与其心理距离更为接近的市场。姜玲艳（2011）基于心理距离六维度指标体系，实证检验了心理距离与美国对外直接投资区位选择之间的关系，发现心理距离与对外直接投资区位选择之间呈现负向相关关系，同时还进一步提醒学者，简单地将文化距离等同于心理距离，可能会造成研究结论的偏差。

也有观点认为心理距离与区位选择正相关。比如，杨成平（2006）运用多元线性回归模型分析了影响中国企业对外直接投资区位选择的主要因素，结果发现两国之间的文化相似性等因素与对外直接投资的区位选择正相关。田毕飞和邱艳琪（2010）通过构建多元线性回归模型，讨论文化与贸易流量之间的关系时，也认为东道国与中国之间的文化相似性与中国企业的跨国经营区位选择之间存在正相关关系。陈德金和李本乾（2011）以澳大利亚市场为例，通过细分心理距离的影响因素，讨论了心理距离指数对目的国市场选择的影响。还有一种观点认为心理距离与区位选择不相关。但由于这类研究常常需要借助一些中间变量，并非直接探究两者之间的关系，因此，研究结论的借鉴意义有限。

（二）心理距离对外商直接投资的影响

在综合考虑跨国公司所处内外部环境的情况下，有关心理距离对外商直接投资影响的相关研究中，学者们的研究结论也存在差异。

一方面，有研究认为心理距离的存在阻碍了跨国公司的外商直接投资开展，即心理距离越小，跨国公司的外商直接投资活动及其相应的绩效越好。这是因为：从信息传递视角看，面对复杂的国际市场环境，心理距离的存在可能会让跨国公司产生一些额外成本，比如，如果跨国公司总部与子公司之间的文化以及商业惯例的距离越大，总部对于海外子公司的监督和管理就越困难。坎贝尔等（Campbell et al.，2012）的研究认为投资于心理距离接近的国外市场，跨国公司更容易理解东道国当地的商业信息，易于搭建更为顺畅的网络关系，相应的投资也会产生更好的收益，并指出如果外来者劣势与两国之间的距离正相关的话，履行社会责任有助于跨国公司分支机构获得合法性。诺德斯特姆和瓦尔恩（1994）认为，母国与东道国在文化习俗和市场环境等方面越相似，跨国公司越容易更快地融入市场，相较于心理距离远的国家而言，其在东道国的经营和管理绩效也更为理想。巴克玛等（Barkema et al.，1996）以13家荷兰跨国公司的225次进入为例，基于组织学习理论，通过讨论进入模式、所有权结构与文化距离的关系，进而分析外商进入的存活问题时发现，心理距离对于外商进入呈现显著的负相关关系。巴利等（Berry et al.，2010）以1993~2005年871家美国的上市制造业企业为样本，借助Logit回归方法，讨论了心理距离对跨国公司国际投资的影响，认为心理距离显著阻碍了跨国公司的国外投资。布洛姆奎斯特和德龙根迪克（2013）剖析了心理距离的结构，通过分析2003~2009年中国面向174个国家（或地区）的对外直接投资行为后发现，中国的对外直接投资的确受到心理距离和某些心理距离刺激的综合结构的影响，语言、文化、工业化水平以及民主水平的异同与中国企业的国际化有关。哈坎森和道（2012）利用国际贸易展开相关研究，结果发现地区间心理距离负向影响着国际贸易活动。同时，从主观感知来看，当决策者对于心理距离的感知高于客观存在的心理距离时，由于这种主观估计可能会减缓或者取消相应的海外投资活动。易江玲和陈传明（2014）从缘分视角的分析，综合考虑了客观的信息流动和主观感知两个层面的因素，从典源、地缘以及人缘三个方面测算心理距离，认为心理距离对于中国企业的对外直接投资以及流入中国的外商直接投资均产生较为显著的负面影响。奚文方（2014）在政治因素、文化差异、语言差异、地理距离、互联网距离以及华裔人数的基础上构建了相应的心理距离指标体系，并基于2003~2012年中国面向20个国家（或地区）的外商直接投资数据进行实证检验，研究发现中国的对外直接投资更倾向于流入心理距离小的国家（或地区），即心理距离越小，中国对该东道国的对外直接投资越大。王增涛等（2018）从经验知识的视角讨论了心理距离对中国对外直接投资区位选择的影响，研究发现：心理距离负向影响着中国对外直接投资的区位选择，在具体的细分维度中，教育发展水平和工业发展水平对中国对外直接投资区位选择的影响显著为正，其他细分维度对中国对外直接投资区位选择的影响为负。陈江虹（2015）测算了基于地理距离、政治制度距离、文化距离以及社会发展水平上的心理距离，认为心理距离对中国的对外直接投资存在较为显著的消极影响，且心理距离的四个维度中，地理距离的影响最大，政治制度因素的影响最小。兰潇骁（2016）基于心理距离视角，利用中国2005~2014年投资于74个国家（或地区）的外商直接投资数据，剖析了心理距离与中国外商直接投资区位选择之间的关系，认为心理距离显著影响着中国外商直接投资的区位选择，心理距离越大，外商直接投资越少；心理距离细分维度中的工业化水平差异对对外直接投资区位选择的影响不显著；其他维度均显著负向影响外商直接投资。逯建等（2018）利用世界各国的多维度心理距离数据，构造了心理网络距离数值，讨论心理距离的网络对中国外商直接投资的影响，研究发现中国与东道国之间心理距离的降低，能够显著促进中国的外商直接投资；中国的外商直接投资存在一定的心理距离网络效应。

另一方面，也有研究认为心理距离与跨国公司的外商直接投资活动正相关。即心理距离越大，跨国公司的外商直接投资活动及其相应的绩效越好。奥格拉迪和莱恩（1996）通过分析32家来自加拿大的企业向美国的投资数据后发现，仅有7家企业取得了成功，可能的原因在于如果母国与东道国之间的心理距离较小时，也会由于企业的过度自信和相应管理活动的准备不足，进而忽略了一些关键细微差异，并最终导致失败。伊万斯等（2000）的研究指出，恰好是两国之间较大心理距离的存在，跨国公司往往会投入更多的时间和精力，认真分析和制定海外投资决策，这一过程能够促使决策者对东道国市场开展更深入的了解，有助于海外投资绩效的提升。维尔维拉伊特和塞纳乌斯凯内（Virvilaitė and Šeinauskienė, 2015）在对有关心理距离与企业出口绩效表现的关系分析中发现，随着企业国际经验的增加，母国与东道国之间的心理距离会减少，从而进一步提高跨国公司企业的出口绩效。

还有一些研究认为心理距离与直接对外投资存在非线性的关系。比如，盖罗拉和钟（Gairola and Chong，2012）构建了一个较为新颖"心理噪声模型"，将心理噪声水平理解为心理距离，认为心理距离会削弱个体之间的合作，但这种弱化关系存在一个临界值，当心理距离小于该临界值时，随着心理距离的增加，投资所带来的收益会随之减少；当心理距离高于该临界值时，随着心理距离的增加，投资所带来的收益会随之有所增加，心理距离与其回报之间是一种"U"型的曲线关系，称之为"心理噪声模型"。

四、心理距离的调节作用分析

作为衡量母国与东道国心理层面差异的变量，一般认为，心理距离与企业决策者的主观感受直接相关，心理距离会对企业决策者熟悉和理解东道国市场造成困难。一方面，由心理距离带来的信息流动阻碍和感知难度会造成跨国企业管理者对东道国市场环境认知不准确，对市场信息来源渠道缺少正确的筛选和判断，作出不利于获取逆向技术溢出的投资决策（Azar，2014）。同时，由于信息传递渠道不明确，信息筛选和判断难度增加会阻碍公司获取技术溢出的难度。另一方面，当海外子公司的合作伙伴意识到两者间由心理距离带来的认知模式和商业习惯的差异时，可能导致在合作过程中产生防备心理，双方缺乏信任和认同会导致信息交流难度增加，增大子公司获取东道国技术溢出的难度。因此心理距离会导致信息获取及流动阻碍，增大技术溢出获取难度，同时，心理距离导致的信任感缺失也会增加技术溢出获取难度及关系维护成本（张晶和岳爽，2019）。因此，来自与东道国心理距离较大的母国的公司更需要建立合法性（衣长军等，2019）。

从种群生态学的视角来看，当集群处于合法化阶段时，既有集群内的企业数量较少，子公司进入东道国市场时，通过充分利用当地资源，并在同行业集聚外部性溢出的支持下，面临较低程度的外来者劣势，处于同行业集聚与外来者劣势间"U"型曲线关系的前半段。此时，进一步考虑两国之间的心理距离，当心理距离较大时，考虑信息流动受阻、存在学习障碍以及对东道国市场环境的了解不足等问题，国家特质以及子公司的投资目的都可能被误解，进而产生更大的风险，降低了企业对特定市场的吸引力（Dow and Ka-runaratna，2000）。此外，与东道国当地企业相比，子公司在收集、分析以及恰当解释相关信息时更为困难，从而增加了业务开展的不确定性和难度（Håkanson and Ambos，2010），面临的外来者劣势增大。因此，可以认为，在合法化阶段，心理距离强化了同行业集聚与外来者劣势间的负向关系。即心理距离较大时，同行业集聚对外来者劣势的负向影响增强，"U"型曲线的前半段变得更为陡峭。随着更多企业的陆续加入，种群密度增加，进入竞争性阶段。此时，种群内的成员不可避免地出现因为争夺有限资源而导致的竞争现象，同行业企业间更会因为竞争而减少知识和信息的外溢，子公司面临的外来者劣势增加，处于同行业集聚与外来者劣势间"U"型曲线关系的后半段。考虑心理距离的调节效应时，由于心理距离也可能是一种主观感知，心理距离越大，子公司与当地企业之间的关系会变得更加紧张，合作过程中产生防备心理，彼此之间信任缺失，同时还会受到来源国刻板印象的影响，增加了子公司在东道国市场上获取信息和相关知识的难度，面临更高程度的外来者劣势。因此，竞争性阶段中，心理距离的存在同样强化了同行业集聚与外来者劣势之间的关系。即心理距离较大时，同行业集聚对外来者劣势的正向影响增强，"U"型曲线的后半段变得更为陡峭。基于此，参考贾慧英等（2018）有关"U"型关系调节效应的假设提法，本章针对心理距离对于同行业集聚与外来者劣势间的"U"型关系提出以下假设。

假设6-1a：心理距离正向调节同行业集聚与外来者劣势之间的"U"型关系。即，当心理距离较大时，同行业集聚对外来者劣势的拐点会更高，两者之间的"U"型曲线会变得更陡峭。

对同源国集聚而言，当集群处于合法化阶段时，既有企业的数量较少，子公司不仅可以获得来自同源国企业的更具适应性的信息和技能，同时受外部环境的约束较小，面临的外来者劣势较低。此时，进一步考虑两国之间的心理距离，当心理距离较大时，在同源国集聚企业的帮助和支持下，新进入的子公司甚至会投入更多的精力认真审视其投资环境，制定更为周全的决策，审慎行事，能够在一定程度上削弱可能面临的风险，减少外来者劣势。因此，可以认为，在合法化阶段，心理距离弱化了同源国集聚与外来者劣势间的负向关系。即心理距离较大时，同源国对外来者劣势的负向影响变弱，"U"型曲线的前半段变得更为平缓。当越来越多的企业加入后，种群密度增加，进入竞争性阶段，同样也存在成员之间由于争夺资源而引发的竞争现象。此时，进一步考虑心理距离的影响，由于子公司在前期合法性阶段，凭借自身的努力以及同源国企业的支持，积累了较多的东道国市场经验，具备了一定的运营能力，当心理距离增加时，可能还会对子公司有新的启发，形成创新性的想法，开拓新的市场份额，有助于削弱原有的同源国集聚对外来者劣势的影响。故而，在竞争性阶段，心理距离的增加，弱化了同源国集聚与外来者劣势间的正向关系。即心理距离较大时，同源国对外来者劣势的正向影响变弱，"U"型曲线的后半段也变得更为平缓。综上所述，仍然参考贾慧英等（2018）的做法，本章针对心理距离对于同源国集聚与外来者劣势间的"U"型关系提出以下假设。

假设6－1b：心理距离负向调节同源国集聚与外来者劣势之间的"U"型关系。即当心理距离较大时，同源国集聚对外来者劣势的拐点会更低，两者之间的"U"型曲线会变得更平缓。

第二节 实证分析

一、样本选择与数据来源

本章依然以运营在欧洲的中国制造业跨国子公司为样本，采用样本企业2011～2021年的数据，系统分析心理距离对同行业集聚与外来者劣势以及同源国集聚与外来者劣势间关系的调节作用。样本企业涉及东道国以及制造业细分行业与本书第四章一致，这里不再赘述。

样本企业的基础数据均来自Bureau van Dijk数据库中的Orbis子库以及企业官网。同行业集聚和同源国集聚的基础数据也来源于Orbis数据库，本书手工整理了东道国企业数量、子公司所属细分行业的企业数量等数据。行业层面的上市公司数据来源于 Osiris 全球上市公司数据库。国家层面的政治制度距离和经济制度距离数据源于世界银行 WDI 数据库。文化距离数据来自霍夫斯泰德官网发布的文化六维度指数。

二、变量测量

（一）被解释变量：外来者劣势（LOF）

本章对外来者劣势的测量依然采用海外子公司的资产收益率（ROA）与当地同行业上市公司平均资产收益率（ROA）的比值，比值越大，表明子公司的相对绩效越高，外来者劣势越小。又由于在对外来者劣势进行测量时，测量指标与变量之间存在负向关系，因此，为便于解释，借鉴杜晓君等（2016）采取正向化方法这一做法，对外来者劣势进行相应的处理，当然，这样的处理不会影响实证结果。

（二）解释变量：同行业集聚（IA）和同源国集聚（COA）

本章的主要解释变量仍然是同行业集聚和同源国集聚。受数据获取的局限以及集聚可能存在区域规模差异的影响，为更好地反映地理要素在空间上的分布情况（杨仁发，2013），同时使得数据更加直观，同行业集聚的测量借鉴卡德尔等（2011）的方法，采用同行业区位熵进行测量，具体计算公式与本书第四章一致，见式（6-1）。

$$IA_{ij} = \frac{Num_{ij}/Num_j}{Num_i/Num} \qquad (6-1)$$

其中，IA_{ij} 为 j 国 i 行业的同行业集聚区位熵，表示 j 国在 i 行业的同行业集聚水平；Num_{ij} 表示 j 国 i 行业的企业数量；Num_j 表示 j 国所有的企业数量；Num_i 表示欧洲 i 行业所有的企业数量；Num 表示欧洲所有的企业数量。若某企业数据最新报道年份为 2020 年，则该企业不再纳入 2021 年该国的企业数量，以下同。通过上述公式计算得到的区位熵数值越大，表示同行业集聚水平越高，区位熵数值越小，认为同行业集聚水平越低。

同源国集聚反映了来自相同国家的跨国企业在一定地理位置内的集聚程度，考虑到本书的研究实际，参考普伊格等（2020）的方法，采用同源国区位熵进行测量，具体计算公式与本书第四章一致，见式（6-2）。

$$COA_j = \frac{CNum_j/Num_j}{CNum/Num} \qquad (6-2)$$

其中，COA_j 表示 j 国的同源国集聚区位熵，测量 j 国中跨国企业来自同一母国的集聚水平；$CNum_j$ 表示 j 国所有的中国企业数量；Num_j 表示 j 国所有的企业数量；$CNum$ 表示欧洲所有的中国企业数量；Num 表示欧洲所有的企业数量。区位熵数值越大，表示同源国集聚水平越高，区位熵数值越小，认为同源国集聚水平越低。

（三）调节变量：心理距离（PD）

由于心理距离反映了个人对跨国差异的主观感知（Evans and Mavondo, 2000），学者们通常通过调查管理者的感知来衡量心理距离（Dow and Karunaratna, 2000）。道和卡拉纳拉特纳（2000）根据心理距离各维度的构成因素，建立了心理距离的指标体系，具体包括语言差异、宗教信仰差异、文化差异、政治制度差异、受教育程度差异、产业发展程度差异、地理差距七个方面的要素。基于心理距离七要素的差异值，同时考虑到两国之间的心理距离可能会随着彼此的建交时间发生变化，本章借鉴刘洪铎等（2018）的处理方法，在科格特和辛格（1988）距离指数公式的基础上，进一步加入母国与东道国之间建交时间的倒数，计算得出中国与各个东道国之间的心理距离，具体构建的心理距离指标见式（6-3）：

$$PD_{ij,t} = \sum_{k=1}^{7} (PD_{ij,k}^2/PDV_{ij,k})/7 + 1/T_{ij,t} \qquad (6-3)$$

其中，$PD_{ij,t}$ 表示 i 国与 j 国在第 t 年的心理距离；$PD_{ij,k}$ 表示 i 国与 j 国之间在第 k 个要素上心理距离的差异值；$PDV_{ij,k}$ 是心理距离第 k 个要素差异值的方差；$T_{ij,t}$ 表示 i 国与 j 国在 t 年时已建交的年数。

（四）控制变量

为避免国家层面和企业层面的其他因素对实证结果的影响，本书还选取企业层面的变量，包括企业年龄、企业性质、企业规模和企业劳动力成本以及国家层面的东道国经济发展水平、政治制度距离以及文化距离作为控制变量。具体指标选取与测量同本书第四章一致。

1. 企业年龄（Age）

根据企业的生命周期理论，企业年龄会对变量间的主效应产生一定的影响，如随着时间的推移，企业可能会因实践经验的增加而逐渐适应东道国市场环境，使其在东道国面临的外来者劣势逐渐减少。因此，企业年龄采用子公司进入海外市场的时间（年）进行测量。

2. 企业性质（$Owner$）

根据所有权性质的不同，可以将企业分为国有企业、外资企业、民营企业以及混合所有制企业，现有研究中以讨论国有企业、民营企业和外资企业的文献居多。对于跨国公司而言，其所有权性质不同，东道国利益相关者的应对行为也有所差异。跨国公司对海外市场规则不熟悉或由于其外来者身份，而难以被东道国所认同，此外，国有企业身份会加剧东道国对跨国公司的不认同感并会受到更不公平的对待。对于来自中国的海外子公司而言，东道国市场常常认为许多企业会有一定的政治目的，特别是当母公司为国有企业时，因此会采取一定的资源约束或行为限制等措施。因此，本书控制了母公司的企业性质，并采用虚拟变量测量，国有企业赋值为1，非国有企业赋值为0。

3. 企业规模（$Size$）

企业规模是反映企业综合实力的一个基本指标（李正卫等，2014）。一般的，企业规模越大，可供其利用的资源就越多，该企业在东道国市场运营的灵活性越强（Kogut and Singh，1988），对企业绩效的影响也越大。鉴于本书中的外来者劣势采用绩效指标进行衡量，因此，本书也进一步控制了企业规模，并选取子公司的总资产进行计算。

4. 企业劳动力成本（*EC*）

企业的发展往往也会受制于其劳动力成本，尤其是对于制造业而言。考虑到全球经济的发展趋势以及中国企业的发展现状，目前的劳动力成本日益增加，对于跨国公司的运营也会产生一定的影响，因此，本书对海外子公司的劳动力成本进行控制，并采用 Orbis 数据库中公布的企业劳动力成本，对其取对数进行衡量，以减少对实证结果的影响。

5. 东道国经济发展水平（*ED*）

从已有研究看，东道国的经济发展水平也会对外国子公司的运营产生一定的影响。世界银行也根据人均 GDP 对国家进行了划分，本书选取来自世界银行的数据，并参考薛新红（2019）的方法，采用东道国的 GDP 衡量东道国经济发展水平。

6. 政治制度距离（*ID*）

政治制度距离会对组织内部合法性与企业外部合法性的相互作用和契合产生重要影响（Kang and Li，2018）。政治制度距离越大，则企业获取外部合法性的难度也越大。政治制度距离数据来源于世界银行发布的《全球治理指数》，采用全球治理指数中六个维度的数据与中国的差值，该指数包含政治稳定性、政府效率、话语权和责任、腐败控制、规管质量以及法制六个维度，参考许家云等（2017）的做法，根据科格特和辛格（1988）的公式最终计算得出政治制度距离。

7. 文化距离（*CD*）

母国与东道国之间的文化距离也会影响到海外子公司所面临的外来者劣势程度，当两国之间存在文化差异时，东道国利益相关者的不认同也会给企业带来更多的外来者劣势。文化距离数据来源于霍夫斯泰德官网公布的霍夫斯泰德指数，其中包含六个维度：权利距离、个人/集体主义、男性/女性度、不确定性规避、长短期导向和自身放纵与约束，参考科格特和辛格（1988）的计算公式，最终得出中国与样本东道国的文化距离得分。

当然，为避免异常值对实证结果的影响，本书也进行了相应的数据清洗，并将研究中涉及的所有变量和测量指标进行汇总，见表 6 - 1。

表 6-1 变量定义

变量	变量名称	符号	测量指标
被解释变量	外来者劣势	LOF	子公司 ROA 与东道国上市公司平均 ROA 比值
解释变量	同行业集聚	IA	同行业区位熵
	同源国集聚	COA	同源国区位熵
调节变量	心理距离	PD	Dow 心理距离指数加两国建交时间的倒数
控制变量	企业年龄	Age	子公司进入海外市场的时间（年）
	企业性质	$Owner$	国有企业为 1，否则为 0
	企业规模	$Size$	企业总资产，取对数
	企业劳动力成本	EC	企业劳动力成本，取对数
	东道国经济发展水平	ED	东道国国内生产总值，取对数
	政治制度距离	ID	全球治理指数
	文化距离	CD	霍夫斯泰德指数

资料来源：作者手工整理。

三、模型构建

采用绩效指标测量外来者劣势时，考虑到企业绩效通常存在惯性依赖作用，会受到前期绩效的影响，传统的估计方法可能会存在同期数据潜在的逆向因果等内生性问题。为了能够有效地解决上述问题，本书采用系统广义矩估计法（GMM），将滞后变量作为工具变量，构建动态面板数据模型对文中假设进行检验。

为检验心理距离对同行业集聚与外来者劣势以及同源国集聚与外来者劣势的调节作用，本书分别设定模型如式（6-4）和式（6-5）：

$$
\begin{aligned}
LOF_{it} = {} & \lambda_0 + \lambda_1 LOF_{it-1} + \lambda_2 IA_{it} + \lambda_3 IA_{it}^2 + \lambda_4 IA_{it}PD_{it} + \lambda_5 IA_{it}^2 PD_{it} \\
& + \lambda_6 PD_{it} + \lambda_7 Age_{it} + \lambda_8 Owner_{it} + \lambda_9 Size_{it} + \lambda_{10} EC_{it} + \lambda_{11} ED_{it} \\
& + \lambda_{12} ID_{it} + \lambda_{13} CD_{it} + \mu_i + \varepsilon_{it} \quad\quad (6-4)
\end{aligned}
$$

$$
\begin{aligned}
LOF_{it} = {} & \delta_0 + \delta_1 LOF_{it-1} + \delta_2 COA_{it} + \delta_3 COA_{it}^2 + \delta_4 COA_{it}PD_{it} \\
& + \delta_5 COA_{it}^2 PD_{it} + \delta_6 PD_{it} + \delta_7 Age_{it} + \delta_8 Owner_{it} + \delta_9 Size_{it} \\
& + \delta_{10} EC_{it} + \delta_{11} ED_{it} + \delta_{12} ID_{it} + \delta_{13} CD_{it} + \mu_i + \varepsilon_{it} \quad\quad (6-5)
\end{aligned}
$$

其中，LOF_{it} 为外来者劣势；LOF_{it-1} 为外来者劣势的一阶滞后项；IA_{it} 为同行业集聚；IA_{it}^2 为同行业集聚的平方项；COA_{it} 为同源国集聚；COA_{it}^2 为同源国集聚的平方项；PD_{it} 为心理距离；$IA \times PD$ 和 $IA^2 \times PD$ 分别为心理距离与同行业集聚及其平方项的交互项；$COA \times PD$ 和 $COA^2 \times PD$ 分别为心理距离与同源国集聚及其平方项的交互项；Age_{it} 是企业年龄；$Owner_{it}$ 是企业性质；$Size_{it}$ 是企业规模；EC_{it} 是企业劳动力成本；ED_{it} 是东道国经济发展水平；ID_{it} 是政治制度距离；CD_{it} 是文化距离；μ_i 为不随时间变化的个体效应变量；ε_{it} 为误差项。

与本书第五章的检验方法一样，按照汉斯（2016）的观点，对"U"型曲线调节效应的分析可以分别从两个维度入手。一方面是"U"型曲线的拐点位置是否发生移动，向左移动了还是向右移动了；另一方面是"U"型曲线的形状是否发生变化，是更陡峭了还是更平缓了。结合本书第四章的内容，以式（6-4）为例，对（6-4）求导并令其倒数等于0，可以得到拐点的位置 $x^* = \dfrac{-\lambda_2 - PD \times \lambda_4}{2\lambda_3 + 2PD \times \lambda_5}$，可见拐点的位置与 λ_2、λ_3、λ_4、λ_5 有关，也与调节变量 PD 相关，而曲线形状的变化仅由二次项的系数 λ_5 决定（Haans et al.，2016）。同理，在分析心理距离对同源国集聚与外来者劣势之间"U"型关系的调节作用时，对式（6-5）求导并令其倒数等于0，可以得到拐点的位置 $x^* = \dfrac{-\delta_2 - PD \times \delta_4}{2\delta_3 + 2PD \times \delta_5}$，可见拐点的位置与 δ_2、δ_3、δ_4、δ_5 相关，还与调节变量 PD 相关，而曲线形状的变化仅由二次项的系数 δ_5 决定。

四、结果分析

（一）描述性统计与相关性分析

1. 描述性统计

样本数据的描述性统计和相关性分析结果见表6-2。本书使用方差膨胀因子（VIF）进一步研究了所有潜在的多重共线性问题。由结果可知，所有模型中的 VIF 值均低于 10，表明模型变量不存在严重的多重共线性问题。通过最初的描述性统计发现，部分变量，尤其是外来者劣势（*LOF*）的两端离群值较大，为了避免严重离群值对研究结论的干扰，本书对除企业性质（*Owner*）以外的非虚拟变量分别在两端 1% 和 99% 的水平上进行了相应的缩尾处理，处理后的描述性统计结果如表 6－2 所示。

表 6－2　　　　　　　　　　　变量的描述性统计

变量	均值	中位数	标准差	最小值	最大值
LOF	－0.414	－0.491	9.354	－37.499	44.409
IA	2.912	2.634	1.610	0.545	9.329
COA	2.081	0.800	2.621	0.156	11.686
PD	18.939	19.781	2.398	13.543	21.980
Age	2.763	2.833	0.864	0.000	4.771
Owner	0.176	0.000	0.381	0.000	1.000
Size	14.511	15.460	3.364	4.028	20.030
EC	13.463	14.171	2.669	6.959	18.067
RD	2.049	0.878	2.855	－0.298	13.930
ED	9.149	9.767	1.184	6.054	10.480
CD	1.077	0.207	1.527	0.121	5.173
ID	3.777	2.834	2.523	0.226	10.381

资料来源：作者手工整理。

2. 相关性分析

在使用 Stata 进行估计之前，本书进行了变量之间的相关性检验，具体结果如表 6－3 所示。一般认为，变量之间的系数如果大于 0.8，说明两者之间可能存在较大的相关性，如果变量之间相关系数小于 0.8，可以认为变量之间不存在较为严重的多重共线性问题。从表 6－3 可以看出，同行业集聚与同源国集聚均与外来者劣势显著相关，同时，调节变量心理距离也与外来者劣势存在显著性关系，进一步表明本章变量选取的合理性。

表 6 - 3

相关性分析

变量	LOF	IA	COA	PD	Age	Size	Owner	EC	ED	ID	CD
LOF	1.000										
IA	0.027*	1.000									
COA	-0.012*	0.001	1.000								
PD	0.024*	-0.106***	-0.125***	1.000							
Age	-0.039***	0.047***	0.012	0.108***	1.000						
Size	0.021	-0.150***	0.049***	0.591***	0.206***	1.000					
Owner	0.012	-0.050***	0.101***	0.065***	0.137***	0.168***	1.000				
EC	-0.015	-0.284***	-0.057***	0.366***	0.142***	0.938***	0.127***	1.000			
ED	-0.018	0.013	0.034**	0.073***	0.133***	0.050***	0.137***	0.162***	1.000		
ID	0.040***	-0.276***	0.180***	-0.007	0.195***	0.175***	0.253***	-0.021	0.212***	1.000	
CD	0.029***	-0.219***	-0.233***	0.030**	0.014	0.065	-0.046***	-0.075***	-0.509***	0.255***	1.000

注：*、**、*** 分别表示在10%、5%、1%的水平上显著，下同。

（二）心理距离的调节效应

结合前面的理论分析，为进一步检验心理距离对同行业集聚与外来者劣势以及同源国集聚与外来者劣势之间"U"型关系的调节作用，本章设定模型11至模型14。其中，模型11在表4-6模型3的基础上增加了心理距离，以及心理距离与同行业集聚的交互项，模型12在模型11的基础上增加了心理距离与同行业集聚平方项的交互项。为验证心理距离对同源国集聚与外来者劣势"U"型关系的调节作用，设定模型13和模型14。模型13在表4-6模型3的基础上增加了心理距离，以及心理距离与同源国集聚的交互项，模型14在模型13的基础上增加了心理距离与同源国集聚平方项的交互项，具体如表6-4所示。

表6-4　　　　　　　　　　心理距离的调节效应检验结果

变量	同行业集聚			同源国集聚	
	模型1	模型11	模型12	模型13	模型14
$L. LOF$	0.094 *** (0.013)	0.867 *** (0.018)	0.752 *** (0.009)	0.099 *** (0.023)	0.805 *** (0.016)
IA		-38.344 ** (19.035)	-211.368 *** (0.712)		
IA^2		1.200 ** (0.474)	40.772 *** (7.387)		
COA				-76.937 *** (0.725)	-247.977 *** (31.191)
COA^2				0.404 *** (0.144)	34.399 *** (4.406)
PD		-0.198 (2.846)	-13.441 *** (2.675)	-8.490 *** (1.283)	-16.786 *** (2.038)
$IA \times PD$		1.740 * (0.908)	13.000 *** (2.037)		
$IA^2 \times PD$			-2.549 *** (0.488)		

续表

变量	同行业集聚			同源国集聚	
	模型 1	模型 11	模型 12	模型 13	模型 14
$COA \times PD$				3.764*** (0.617)	13.084*** (1.641)
$COA^2 \times PD$					-1.822*** (0.233)
Age	-0.423 (0.218)	0.199 (1.504)	-1.742*** (0.587)	-0.126 (0.235)	0.147 (0.541)
$Size$	-0.221 (0.152)	-1.684*** (0.458)	-0.807 (0.593)	-0.164 (0.400)	-2.086*** (0.349)
$Owner$	-0.383 (0.438)	14.032*** (2.413)	0.623 (1.312)	0.127 (0.441)	-1.165 (0.964)
EC	0.298** (0.137)	-0.062 (0.604)	0.498 (0.560)	-1.055*** (0.300)	1.326*** (0.505)
ED	-0.241* (0.136)	54.047*** (8.046)	18.986* (9.823)	5.533*** (0.833)	50.675*** (14.075)
ID	0.117 (0.087)	-0.292 (0.465)	-0.525 (0.409)	-0.464* (0.244)	-0.411 (0.432)
CD	-0.051 (0.106)	18.500*** (2.318)	3.887 (3.594)	0.514 (0.424)	20.033*** (4.432)
$Cons.$	2.005 (1.292)	-523.233*** (112.394)	39.905 (131.711)	142.158*** (22.014)	-178.289 (126.211)
AR (1)	0.000	0.021	0.021	0.022	0.022
AR (2)	0.114	0.343	0.337	0.334	0.335
Hansen	0.978	0.990	0.980	0.933	0.936

注：$L.LOF$ 为外来者劣势的滞后一期，系统 GMM 估计过程采用了两步法（two-step）；括号内数值为稳健标准误；Hansen 值报告了工具变量过度识别检验的 P 值；AR（1）和 AR（2）值分别表示一阶和二阶序列相关检验的 P 值。

模型 1 仍然是基础模型，仅包含外来者劣势的滞后项和控制变量，由结果可知，外来者劣势的滞后项与被解释变量显著正相关，外来者劣势存在滞后，采用系统 GMM 估计方法合理。

模型 12 中，心理距离与同行业集聚的交互项（$IA \times PD$）以及心理距离与同行业集聚平方项交互项（$IA^2 \times PD$）的回归系数均显著，表明心理距离调节同行业集聚与外来者劣势的"U"型关系。

按照汉斯等（2016）的方法，还需要依次判断拐点位置的变化以及曲线陡峭程度的变化。在对拐点位置的判断中，本书依然参考贾慧英等（2018）的做法分别取中等心理距离（均值）和较高的心理距离（均值 + 标准差）两个特殊值，在模型 12 调节变量设定的前提下，表 6 - 2 中 PD 取均值 18.939，按照公式计算中等心理距离下的拐点为 $IA_M = \dfrac{-\lambda_2 - PD \times \lambda_4}{2\lambda_3 + 2PD \times \lambda_5} = (211.368 - 18.939 \times 13)/(2 \times 40.772 - 2 \times 18.939 \times 2.549) = 2.321$。表 6 - 2 中 PD 取"均值 + 标准差"的值为 21.337，按照公式计算较高的心理距离水平下的拐点为 $IA_H = \dfrac{-\lambda_2 - PD \times \lambda_4}{2\lambda_3 + 2PD \times \lambda_5} = (211.368 - 21.337 \times 13)/(2 \times 40.772 - 2 \times 21.337 \times 2.549) = 2.424$，$IA_H$ 的值大于 IA_M 的值，拐点位置略微向右移动。在对曲线陡峭程度变化的判断中，由于 $IA^2 \times PD$ 的回归系数为 -2.549，与 IA^2 的系数（40.772）方向相反，因此，可以认为当心理距离较高时，同行业集聚与外来者劣势间的"U"型曲线更平缓，假设 6 - 1a 未得到验证。可能的原因是：由于样本企业是来自中国的子公司，投资于发达国家市场时，两国之间的心理距离越大，这种差异所带来的创新变化对子公司在东道国市场运营的影响更大，子公司反而能够充分利用差异，提供创新性的产品和服务，吸引更多消费者，从而更受当地市场和消费者的欢迎，有助于削弱同行业集聚对外来者劣势的影响。

模型 13 中心理距离与同源国集聚的交互项（$COA \times PD$）的系数为 3.764，且在 1% 的水平上显著。模型 14 中，加入心理距离与同源国集聚平方项交互项（$COA^2 \times PD$），交互项系数为 -1.822，且在 1% 的水平上显著，表明心理距离调节同源国集聚与外来者劣势的"U"型关系。同样，按照汉斯等（2016）的标准，以及参考贾慧英（2018）的做法分别取中等心理距离（均值）和较高的心理距离（均值 + 标准差）两个特殊值；在模型 14 调节变

量设定的前提下，表 6 - 2 中 PD 取均值 18.939，按照公式计算中等心理距离

下的拐点 $COA_M = \dfrac{-\delta_2 - PD \times \delta_4}{2\delta_3 + 2PD \times \delta_5} = (247.977 - 18.939 \times 13.084)/(2 \times 34.399 -$

$2 \times 18.939 \times 1.822) = 0.832$。表 6 - 2 中 PD 取"均值 + 标准差"的值为

21.337，按照公式计算较高的心理距离水平下的拐点为 $COA_H = \dfrac{-\delta_2 - PD \times \delta_4}{2\delta_3 + 2PD \times \delta_5} =$

$(247.977 - 21.337 \times 13.084)/(2 \times 34.399 - 2 \times 21.337 \times 1.822) = 3.484$，

COA_H 的值大于 COA_M 的值，拐点位置向右移动。由于 $COA^2 \times PD$ 的回归系数

为 -1.822，与 COA^2 的系数（34.399）方向相反，因此，可以认为当心理距

离较高时，同源国集聚与外来者劣势间的"U"型曲线更平缓，假设 6 - 1b

得到验证，即心理距离负向调节同源国集聚与外来者劣势之间的"U"型关

系，两者之间的"U"型曲线变得更为平缓，见图 6 - 1。

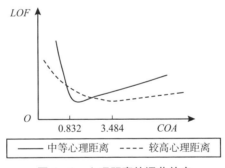

图 6 - 1 心理距离的调节效应

第三节 本章小结

　　信息获取可以作为企业进行有效沟通的前提，帮助企业快速掌握日益变

化的市场动态，是企业得以在海外市场生存与发展的关键。因此，有一种观

点认为两国之间的心理距离越大，意味着跨国公司获取信息的难度越大，而

心理距离可能会进一步转化成企业的额外成本，进而增加企业负担，不利于

其抵御海外市场风险。当跨国公司投资于心理距离较大的国家时，意味着需要付出更多的成本。因此，伴随着心理距离的增加，进行对外直接投资的可能性也会不断下降，企业交易成本会增加。当然，也有观点认为心理距离的存在反而会促进企业的创新，开拓新的细分市场，满足当地消费者的需求，从而获得收益，提升企业绩效。

本章在本书第四章分析的基础上，进一步讨论了心理距离对于同行业集聚与外来者劣势以及同源国集聚与外来者劣势之间关系的调节效应，依然运用系统 GMM 估计方法以及汉斯等（2016）关于"U"型关系调节效应的检验方法进行了相应的实证分析。通过分析，得出如下结论：

第一，心理距离负向调节了同源国集聚与外来者劣势之间的"U"型关系。基于同源国集聚与外来者劣势的"U"型关系，当两国之间的心理距离较大，处于合法化构建阶段时，子公司受益于与同源国企业集聚产生的外部性，丰富自身的一般化知识和技能，用以应对常规化的经营事宜。同时，由于合法化阶段，子公司受外部环境的约束较小，在面对心理距离的情况下，子公司会投入更多的时间和精力用于东道国市场的运营，因而面临较小程度的外来者劣势。进入竞争性阶段，虽然成员之间不可避免地存在因争夺资源而引发的竞争，但由于前期积累的国际化经验以及同源国集聚带来的溢出效应，较大的心理距离反而有助于子公司构建新思维，开发新产品，开拓新市场。因此，心理距离的增加，使得竞争性阶段同源国集聚对外来者劣势的正向影响变小，"U"型曲线变得更为平缓。

第二，心理距离正向调节同行业集聚与外来者劣势间"U"型关系的假设并没有得到验证。可能的原因在于：投资于发达国家市场时，那些来自发展中国家或者新兴经济体的子公司，更善于利用心理距离所产生的差异，心理距离越大，由此差异带来的创新变化就越大，对子公司在东道国市场运营的影响也越大，子公司通过提供创新性的产品和服务，吸引更多消费者，实现在东道国市场的生存与发展，进而削弱同行业集聚对外来者劣势的影响。

在对企业国际化相关经典理论和已有研究成果进行梳理的基础上，本书通过增加区域维度，将现有研究从传统"企业—国家"层面拓展至"企业—国家—区域"层面，并结合外来者劣势、集聚经济理论以及种群生态学等理论，系统阐述了中国企业国际化成长过程中外来者劣势的影响因素问题。

第一节　主要研究结论

选取 2011~2021 年 506 家在欧洲运营的中国制造业跨国子公司为样本，采用系统 GMM 方法，本书实证检验了同行业集聚与同源国集聚对外来者劣势的影响。在厘清同行业集聚和同源国集聚与外来者劣势关系的基础上，分别选取企业层面的国际化速度以及国家层面的心理距离，深入探讨两者对同行业集聚与外来者劣势以及同源国集聚与外来者劣势关系的调节作用。通过分析，本书得出以下结论：

第一，子公司面临的外来者劣势与东道国同行业集聚水平呈现先下降再上升的"U"型关系。当同行业集聚水平适中时，行业集群处于合法化阶段，在此阶段，东道国同行业集聚水平越高，子公司在东道国面临的外来者劣势越小。企业集聚初期，种群密度较小，成员间进行合作所获得的收益大于相互竞争所需承担的成本，种群内的合作效应随种群密度的增加而递增。一方面，在合法化阶段，行业间专业化信息的溢出更加明显，这类专业信息与企业所需的资源具有较高的适配度，满足子公司海外经营的发展需求，从而大大减少子公司在海外经营的不熟悉危害；另一方面，同行业集群内合法性的外溢是子企业获取合法性的一个重要来源，东道国利益相关者通常会参考同行业其他外国投资者的特征来评估子公司在市场上的合法性，即同行业集群内的企业可以利用在位同行业集群已经建立的合法性来构建企业自身的合法性，降低合法性缺失所造成的歧视危害与关系危害。简言之，这时集群中所得到的利益要比企业所负担的不熟悉成本、歧视成本以及关系成本大，同行业聚集程度越高，海外子公司所面对的外来者劣势就越大。当集群中企业增多时，子公司间的竞争会在资源受限的情况下变得愈加激烈，这时合法化阶段合作效应大幅下降，竞争效应占主导，子公司甚至会因竞争承担更高的成本，造成外来者劣势的增加，在此阶段，同行业集聚水平越高，则海外子公司面临的外来者劣势越高。

第二，子公司面临的外来者劣势与东道国同源国集聚水平呈现先下降再上升的"U"型关系。同源国集聚的前期，东道国同源国集聚水平越高，子公司面临的外来者劣势越小，此时为合法化阶段。一方面，来自同一母国的子公司之间更容易建立起稳固的信任关系，有利于彼此间的合作，进而削弱信息不对称带来的消极影响，降低不熟悉危害，因而子公司面临较小的外来者劣势；另一方面，由于具有相同的社会文化背景，东道国市场和当地受众往往将来自同一母国的子公司视为具有相似的行为，对其进行合法性评价，随着东道国市场中来自同一母国的外来企业数量的增加，子公司更容易受益于集群的合法性溢出，降低歧视危害和关系危害，并最终减少对外来者劣势的影响。当同源国集聚水平到达一定程度后，该群体内部进入竞争性阶段，同样，在此阶段同源国集聚水平的提高将使得企业面临的外来者劣势增大。

第三，东道国同行业集聚水平与同源国集聚水平都较高时，子公司面临的外来者劣势更小。考虑到同行业集聚与同源国集聚可能同时影响子公司面临的外来者劣势，因此，本书进一步检验了同行业集聚与同源国集聚对外来者劣势的共同作用。同行业集聚产生的外溢信息能够给企业带来与所需资源具有高适配度的行业信息，使企业能够及时应对东道国动态的行业环境变化，但是，面临高度隐性或敏感的信息获取时，同行业集聚的信息外溢作用有限，因为这类信息的传递通常需要建立在密切的联系中，此时，企业将依赖于同源国集群内成员间高水平的信任关系，帮助企业进行获取。同时，企业合法性的构建同样不仅依赖于同行业集群现已建立的合法性外溢，还依赖于这种高水平的信任关系，通过二者的共同作用，子公司能够更好地克服信息不对称以及合法性缺失问题。因此，当东道国的同行业集聚水平较高，且同源国集聚水平也较高时，海外子公司面临的外来者劣势将更低。

第四，国际化速度负向调节同行业集聚与外来者劣势以及同源国集聚与外来者劣势之间的"U"型关系。具体而言，合法化阶段，种群密度较小，既有集群内的企业数量较少，子公司不仅可以充分利用当地既有的区位资源，还可以获得来自同行业企业的外部性溢出，因此，面临的外来者劣势较小。进一步考虑国际化速度的影响时，快速的国际化有助于跨国公司发挥先动优势，迅速占据有利市场，成功实现定位。因此，国际化速度弱化了同行业集聚与外来者劣势间的负向关系，同行业集聚与外来者劣势间"U"型曲线的前半段变得更为平缓。随着越来越多企业的加入，种群密度加大，种群内的成员会因争夺有限资源而产生竞争，子公司面临的外来者劣势增加。国际化速度较快时，子公司依然可以发挥先动优势，率先利用所需资源，减少外来者劣势的影响。因此，国际化速度弱化了同行业集聚对外来者劣势的正向影响，两者之间"U"型曲线的后半段也变得更为平坦。对同源国集聚而言，情况类似，国际化速度负向调节着同源国集聚与外来者劣势之间的"U"型关系。

第五，心理距离负向调节同源国集聚与外来者劣势之间的"U"型关系。具体而言，处于合法化构建阶段时，子公司受益于与同源国企业集聚产生的外部性，丰富自身的一般化知识和技能，用以应对常规化的经营事宜。同时，由于合法化阶段，子公司受外部环境的约束较小，在面对心理距离的情况下，子公司会投入更多的时间和精力用于东道国市场的运营，因而面临较小程度的外来者劣势。进入竞争性阶段，虽然成员之间不可避免地存在因争夺资源而引发的竞争，但由于前期积累的国际化经验以及同源国集聚带来的溢出效应，较大的心理距离反而有助于子公司构建新思维，开发新产品，开拓新市场。因此，心理距离的增加，使得竞争性阶段同源国集聚对外来者劣势的正向影响变小，"U"型曲线变得更为平缓。

第二节　管理启示

本书分析了同行业集聚与同源国集聚对外来者劣势的不同影响，以及国际化速度和心理距离对上述关系的调节效应，同时还讨论了多因素影响下的外来者劣势克服路径。本书的研究结论对于海外子公司克服外来者劣势，提升国际化运营能力有着重要的借鉴意义和启示，不仅有助于众多跨国公司成功实施"走出去"战略，更有利于子公司成功在东道国市场"走下去"。

第一，跨国公司应该将东道国的同行业集聚水平和同源国集聚水平纳入海外子公司区位选择决策的一个重要因素。已有对企业外来者劣势影响因素的国家层面研究主要集中在东道国要素禀赋上，往往忽视了东道国同行业和同源国集聚水平中获取和利用当地资源的潜力。由于外来者身份的存在，我国海外子公司经营过程中面临着较为严峻的外来者劣势，与此同时，作为发展中国家，中国的海外子公司往往还面临来源国劣势，在双重劣势的影响下，子公司的国际化经营过程较为艰辛，因此，在面临双重劣势的背景下，我们不应忽视东道国的同行业与同源国集聚效应以消除外来者劣势的影响，要很好地利用成功的投资企业产生的知识溢出，从母国企业及所在国同行业中学习专业知识与管理经验，从而为我国企业国际化奠定良好的基础。可以选择进入同行业集聚水平较高或者同源国集聚水平较高的东道国或地区。同时，关注东道国国内种群的演化进程。随着时间的推移，种群演化会经历合法化和竞争性两个阶段。处于合法化阶段时，同源国集聚或同行业集聚水平较高都有利于降低企业的外来者劣势，因此企业可以进行区位选址，进入竞争性阶段后，避免进入同行业集聚水平较高的国家或地区，但仍然可以选择进入同源国集聚水平高的国家或地区。

第二，既倾向同行业集聚，又争取同源国集聚，可能是克服外来者劣势的一个有效途径。本书研究发现，当东道国的同行业集聚水平与同源国集聚水平都比较高时，海外子公司将面临更低的外来者劣势，这意味着子公司可以优先选择进入同行业集聚水平与同源国集聚水平都较高的东道国。对于已经被赋予了外来者身份的海外跨国企业，本身正面临严峻的外来者劣势，尤其像中国这样的发展中国家，其海外子公司往往还面临来源国劣势，面对双重劣势的挑战，跨国公司应重视与东道国同行业企业与同源国企业的协同发展。

第三，企业国际化速度负向调节同行业集聚与外来者劣势以及同源国集聚与外来者劣势之间的"U"型关系。对于诸多中国的跨国公司而言，由于在多数情况下，来自发展中国家的跨国公司开展国际化活动时，普遍存在所有权优势缺乏以及国际化经验不足等现象，因此，在进行海外市场拓展时，既不能盲目效仿发达国家跨国公司的国际市场扩张战略，采取太过激进的国际化速度，也要避免太过保守的扩张模式和扩张速度。跨国公司需要结合自身发展目标和发展水平，选择有利于绩效或生存率提升的国际化速度。

第四，应关注东道国与母国之间的心理距离。研究结果表明，心理距离负向调节同源国集聚与外来者劣势之间的"U"型关系。因此，管理者在进行对外直接投资区位决策时，将东道国和母国的心理距离大小纳入考量范围。政府可以积极搭建沟通交流的桥梁，通过加强交流合作，为各个国家之间的互利共赢奠定基础，积极主动宣传中华民族的优秀传统文化，让世界了解中国。同时，在近年来"一带一路"倡议背景下，积极举办或参与文化交流活动，不仅可以了解世界，也为其他国家提供了解中国的机会和渠道。通过各种互动学习，增进中国与东道国之间的熟悉程度，削弱心理距离可能带来的消极影响，有助于诸多的跨国公司开展其国际化经营活动。

第三节　研究不足与展望

虽然本书尝试基于外来者劣势、集聚经济理论以及种群生态学理论较为系统地剖析同行业集聚和同源国集聚对外来者劣势的影响，以及国际化速度和心理距离对两者关系的调节作用，但囿于时间和个人能力的局限，未来研究仍存在有待进一步完善的空间。

第一，考虑到数据的可得性，本书将行业限定为制造业。然而，目前服务业经济地位上升，第三产业包括其他产业在产业结构中所占比重越来越大，单纯考虑制造业集聚水平很难反映出真正的集聚作用。例如，孙浦阳（2017）等将服务业分解为生产性、消费性、公共性，反映服务业的聚集，也增加了制造业聚集、现有外资聚集，研究结果证实生产性服务业与公共性服务业显著促进了外来直接投资的流入，制造业聚集未能有效推动外来直接投资的流入。可见，不同产业细分的结果差异显著。而本书的研究仅停留在传统的制造业划分上。后续研究的样本行业可以进一步拓展到服务业或者全行业进行比较，体现行业不同背景下，研究结论的差异性，进而增强研究结论的普适性。另外，未来的研究可以尝试多渠道获取东道国地区层面的数据，以拓宽外来者劣势的研究层面。

第二，部分学者指出研究国家层面的集聚效应可能不能有很好的小范围适用性，地区层面的集聚效应往往更具研究意义。但由于受数据来源限制，无法获得欧洲国家国内地区的集聚数据，因此，本书选用国家层面的集聚数据，并未精细到东道国的地区层面，这也是未来可以改进的方向。

第三，在企业跨国经营活动日益增多的情况下，外来者劣势仍将成为跨国公司的一个重要课题。在研究外来者劣势来源时，来源国劣势给组织身份带来的影响特别明显，可将外来者劣势细化为来源国劣势，并以来源国劣势对海外经营活动产生影响为研究方向。

第四，在当前数字化转型背景下，讨论各种形式的联结对于不同阶段跨国公司的国际化进程、国际化经验、所有权结构、组织持续性、来源国劣势等相关问题产生的影响至关重要。同时，学者们还可以关注全球商业活动与数字经济、中国在响应"一带一路"倡议时对于全球整合以及新兴市场战略的选择等问题。

参考文献

［1］蔡灵莎．外来者劣势的研究综述与展望［J］．信息与管理研究，2020，5（Z2）：88 – 96.

［2］蔡灵莎，杜晓君，史艳华．外来者劣势、组织学习与对外直接投资绩效研究［J］．管理科学，2015，28（4）：36 – 45.

［3］蔡灵莎，杜晓君，杨慧芳．双元学习、行业与外来者劣势研究［J］．运筹与管理，2022，31（12）：220 – 226.

［4］陈初昇，燕晓娟，衣长军，等．国际化速度、营商环境距离与海外子公司生存［J］．世界经济研究，2020，38（9）：89 – 103，137.

［5］陈德金，李本乾．心理距离对于国际化目标市场选择影响的实证研究——基于澳大利亚出口市场［J］．软科学，2011，25（4）：31 – 35.

［6］陈健，柳卸林，邱姝敏．海归创业的外来者劣势和知识资本的调节作用［J］．科学学研究，2017，35（9）：1348 – 1358.

［7］陈江虹．中国OFDI区位选择影响因素研究——基于心理距离视角［D］．海口：海南大学，2015.

［8］陈伟宏，钟熙，蓝海林，等．范围、速度与节奏——高管过度自信对国际化进程的影响［J］．管理评论，2021，33（3）：233 – 243.

［9］陈瑜，谢富纪，于晓宇，等．战略性新兴产业生态为演化的影响因素及路径选择［J］．系统管理学报，2018，27（3）：414 – 421，451.

［10］杜晓君，蔡灵莎．组织学习、投资区域与外来者劣势研究——以中国

上市公司为例 [J]. 经济管理, 2016, 38 (3): 181 – 191.

[11] 杜晓君, 蔡灵莎, 史艳华. 外来者劣势与国际并购绩效研究 [J]. 管理科学, 2014, 27 (2): 48 – 59.

[12] 杜晓君, 史艳华, 蔡灵莎. 股票市场中的外来者劣势研究 [J]. 管理科学, 2016, 29 (3): 148 – 160.

[13] 杜晓君, 史艳华, 杨勃. 信息缺失对外来者劣势的影响机理——以海外上市的中国公司为例 [J]. 产经评论, 2016, 7 (1): 101 – 110.

[14] 方宏, 王益民. "欲速则不达": 中国企业国际化速度与绩效关系研究 [J]. 科学学与科学技术管理, 2017, 38 (2): 158 – 170.

[15] 冯德连, 施亚鑫. 四维距离视角下中国对 "一带一路" 国家直接投资研究 [J]. 江淮论坛, 2018, 61 (5): 5 – 13, 2.

[16] 高妙诗. 心理距离对企业国际化的影响研究 [D]. 贵阳: 贵州财经大学, 2021.

[17] 葛菲, 贺小刚, 高禄. 渐进还是快进? 制度距离与企业国际化速度 [J]. 商业研究, 2020, 63 (5): 77 – 86.

[18] 郭骁. 种群密度、企业异质与创新强度的实证研究 [J]. 中州学刊, 2011, 32 (6): 66 – 71.

[19] 贺锢璇, 单作为. 境外发债对外来者劣势影响的异质性分析 [J]. 财经问题研究, 2021, 42 (5): 67 – 75.

[20] 黄胜, 叶广宇, 丁振阔. 国际化速度、学习导向与国际新创企业的国际绩效 [J]. 科学学与科学技术管理, 2017, 38 (7): 141 – 154.

[21] 黄胜, 叶广宇, 申素琴. 企业国际化速度研究述评 [J]. 科研管理, 2017, 38 (6): 125 – 134.

[22] 霍杰, 蒋周文, 杨洪青. 心理距离对跨国公司进入模式的影响 [J]. 商业研究, 2011, 53 (3): 54 – 60.

[23] 贾慧英, 王宗军, 曹祖毅. 研发投入跳跃与组织绩效: 环境动态性和吸收能力的调节效应 [J]. 南开管理评论, 2018, 21 (3): 130 – 141.

[24] 姜玲艳. 心理距离对美国 OFDI 区位分布的影响分析 [D]. 长沙: 湖南

大学，2011.

[25] 蒋冠宏，曾靓. 融资约束与中国企业对外直接投资模式：跨国并购还是绿地投资 [J]. 财贸经济，2020，41 (2)：132 - 145.

[26] 康青松. 组织学习导向、知识转移和吸收能力对国际企业绩效的影响研究 [J]. 管理学报，2015，12 (1)：53.

[27] 兰潇骁. 心理距离对中国对外直接投资区位选择的影响研究——以对外贸易为调节变量 [D]. 北京：北京交通大学，2016.

[28] 李舸. 产业集群的生态演化规律及其运行机制研究 [D]. 吉林：吉林大学，2008.

[29] 李会玲. 二元心理距离对国际工程承包商市场进入模式的影响研究 [D]. 天津：天津大学，2023.

[30] 李杰义，闫静波，王重鸣. 海外网络嵌入性、国际学习与国际化速度 [J]. 科学学研究，2019，37 (1)：121 - 129.

[31] 李竞. 基于时间维度的国际化模式对跨国企业母公司创新绩效的影响机制研究 [D]. 杭州：浙江大学，2019.

[32] 李黎明. 基于种群生态学视角的新产业成长研究——一中国网络零售业为例 [D]. 南昌：江西财经大学，2019.

[33] 李梅，赵乔，包于巧. 外来者劣势与海外并购企业的生产率提升 [J]. 产经评论，2020，11 (1)：67 - 81.

[34] 李文华，韩福荣. 企业生态位参数计测方法研究 [J]. 北京工业大学学报，2006，32 (4)：379 - 384.

[35] 李笑，华桂宏. OFDI 速度与企业绩效——对中国高科技上市公司的考察 [J]. 山西财经大学学报，2020，42 (10)：95 - 110.

[36] 李永发. 顾客待办事项与商业模式创新 [J]. 管理现代化，2017，37 (3)：62 - 64.

[37] 李正卫，黄益，潘晓霞，等. 中国企业研发国际化影响因素研究——计算机、通信及其他电子设备制造业上市公司的实证分析 [J]. 科技进步与对策，2014，31 (21)：70 - 75.

[38] 林治洪，陈岩，秦学志．基于制度视角的企业国际化速度对绩效的影响研究：来自中国上市公司的经验分析 [J]．产业经济研究，2013，12（1）：89 – 99．

[39] 龙跃，顾新，廖元和．基于知识生态转化的产业技术创新主从协调研究 [J]．科学学与科学技术管理，2018，39（2）：104 – 115．

[40] 逯建．心理距离的网络效应与中国对外直接投资 [J]．投资研究，2018，37（2）：43 – 60．

[41] 陆玲．略论企业生态学原理 [J]．世界科学，1996，（3）：44 – 46．

[42] 陆小成．产业集群协同演化的生态位整合模式研究 [D]．长沙：中南大学，2008．

[43] 马世骏，王如松．社会 – 经济 – 自然复合生态系统 [J]．生态学报，1984，4（1）：1 – 9．

[44] 毛纪云．心理距离对跨境电商出口的影响研究 [D]．杭州：浙江大学，2022．

[45] 牟宇鹏，汪涛，周玲．外来者劣势下企业的国际化战略选择：基于制度理论的视角 [J]．经济与管理研究，2017，38（1）：119 – 130．

[46] 潘镇．中国企业"走出去"的区位选择和选址决策 [J]．改革，2015，28（1）：140 – 150．

[47] 汝毅，郭晨曦，吕萍．高管股权激励、约束机制与对外直接投资速率 [J]．财经研究，2016，42（3）：4 – 15．

[48] 孙儒泳．群落组织问题 [J]．生物学通报，1993，42（5）：6 – 7，17．

[49] 孙耀吾，韩冰，黄万昆．高技术服务创新网络生态位重叠企业竞合关系建模与仿真 [J]．科技进步与对策，2014，31（13）：59 – 63．

[50] 田毕飞，邱艳琪．中国企业跨国经营区位选择的影响因素分析 [J]．宏观经济研究，2010，55（4）：53 – 58．

[51] 田曦，王晓敏．企业国际化速度与企业绩效——高管过度自信与海外背景的影响 [J]．国际商务（对外经济贸易大学学报），2019，12（3）：142 – 156．

［52］汪旭晖. 国际零售商海外市场选择机理——基于市场邻近模型与心理距离视角的解释［J］. 中国工业经济，2005，22（7）：119-126.

［53］王发明. 基于生态观的产业集群演进研究［D］. 杭州：浙江大学，2007.

［54］王疆，何强，陈俊甫. 种群密度与跨国公司区位选择：行为惯性的调节作用［J］. 国际贸易问题，2015，40（12）：122-132.

［55］王疆，江娟. 母国集聚与产业集聚对中国企业对美直接投资区位选择的影响［J］. 世界地理研究，2017，26（4）：20-30.

［56］王进猛，徐玉华，易志高. 文化距离损害了外资企业绩效吗［J］. 财贸经济，2020，41（2）：115-131.

［57］王雯，杨蓉. "一带一路"倡议对中国制造业企业国际化程度的影响——基于双重差分模型的估计［J］. 企业经济，2018，37（11）：70-77.

［58］王益民，梁枢，赵志彬. 国际化速度前沿研究述评：基于全过程视角的理论模型构建［J］. 外国经济与管理，2017，39（9）：98-112.

［59］王增涛，余洁，李金枝. 心理距离与中国OFDI区位选择——基于经验知识调节作用的分析［J］. 商业研究，2018，61（3）：83-90.

［60］吴亮，吕鸿江. 制度距离与中国企业海外进入模式选择——一个整合知识转移和合法性的框架［J］. 经济经纬，2016，33（3）：102-107.

［61］奚文方. 心理距离对中国对外直接投资区位影响的研究［D］. 上海：复旦大学，2014.

［62］夏妍艳. 组织生态学视角的产业演化成因分析［D］. 杭州：浙江大学，2012.

［63］肖文，林高榜. 产业集聚和外国直接投资区位选择：基于长三角地区经济发展的视角［J］. 国际贸易问题，2008，12（7）：82-86.

［64］肖文，周君芝. 国家特定优势下的中国OFDI区位选择偏好——基于企业投资动机和能力的实证检验［J］. 浙江大学学报（人文社会科学版），2014，60（1）：184-196.

［65］谢佩洪，陈怡霏．基于合法性视角下中国跨国企业双重劣势对企业绩效的影响研究［J］．国际商务研究，2022，43（2）：1 – 12.

［66］徐明霞，汪秀琼，王欢．基于制度基础观的企业区域多元化进入模式研究述评［J］．外国经济与管理，2010，32（9）：23 – 29.

［67］许家云，周绍杰，胡鞍钢．制度距离、相邻效应与双边贸易——基于"一带一路"国家空间面板模型的实证分析［J］．财经研究，2017，62（1）：75 – 85.

［68］许露元，邹忠全．产业集群跨国网络结构与绩效研究——以广西与越南制造业集群为例［J］．外国经济与管理，2019，41（1）：102 – 113.

［69］薛君．心理距离与中国企业海外并购股权选择策略研究［D］．北京：中央财经大学，2018.

［70］薛求知，李倩倩．中国跨国公司合法化进程研究——基于种群密度制约模型［J］．世界经济研究，2011，30（3）：63 – 68.

［71］薛新红，王忠诚．东道国金融发展异质性与中国企业跨国并购的区位选择［J］．国际商务（对外经济贸易大学学报），2019，33（5）：73 – 87.

［72］薛琰如，张海亮，邹平．中国对外投资模仿性、集聚性与区域性投资的过度：基于信息扩散视角的演化分析［J］．管理工程学报，2018，32（3）：37 – 42.

［73］严兵，郭少宇．产业政策与对外直接投资——来自中国上市公司的证据［J］．国际贸易问题，2021，47（11）：124 – 139.

［74］阎海峰，王墨林，田牧，等．国际化速度和企业绩效关系研究：基于生命周期理论的 Meta 分析［J］．南大商学评论，2021，4（1）：69 – 86.

［75］颜银根．FDI 区位选择：市场潜能、地理集聚与同源国效应［J］．财贸经济，2014，33（9）：103 – 113.

［76］杨勃，刘娟．来源国劣势：新兴经济体跨国企业国际化"出身劣势"——文献评述与整合框架构建［J］．外国经济与管理，2020，42（1）：113 – 125.

[77] 杨成平. 我国企业对外直接投资的区位选择 [D]. 广州：暨南大学，2006.

[78] 杨仁发，刘纯彬. 中国生产性服务业 FDI 影响因素实证研究 [J]. 国际贸易问题，2013，39（11）：107－116.

[79] 杨勇，梁辰，胡渊. 文化距离对中国对外直接投资企业经营绩效影响研究——基于制造业上市公司微观数据的实证分析 [J]. 国际贸易问题，2018，44（6）：27－40.

[80] 衣长军，刘晓丹，王玉敏，等. 制度距离与中国企业海外子公司生存——所有制与国际化经验的调节视角 [J]. 国际贸易问题，2019，45（9）：115－132.

[81] 衣长军，赵晓阳，余杰. 心理距离与中国企业 OFDI——基于高管海外背景和华人移民网络的调节视角 [J]. 社会科学战线，2021，44（7）：74－83.

[82] 易江玲，陈传明. 心理距离测量和中国的国际直接投资——基于缘分视角的分析 [J]. 国际贸易问题，2014，40（7）：123－131.

[83] 殷华方，潘镇. 在华外资企业进入模式选择：基于合法性视角的分析 [J]. 南京师大学报（社会科学版），2011，57（6）：48－56.

[84] 袁柳. 制度距离与中国企业 OFDI 的进入模式选择——基于上市企业的数据检验 [J]. 经济与管理，2019，33（6）：86－92.

[85] 余珮，孙永平. 集聚效应对跨国公司在华区位选择的影响 [J]. 经济研究，2011，57（1）：71－82.

[86] 喻信东. 组织生态视角下中小企业群网络结构演进研究 [D]. 武汉：武汉理工大学，2017.

[87] 曾鹏，秦艳辉. 城市行政级别、产业集聚对外商直接投资的影响 [J]. 国际贸易问题，2017，43（1）：104－115.

[88] 张爱珍. 生态位视角下我国战略性新兴产业竞争力评价研究 [D]. 天津：天津理工大学，2017.

[89] 张晶，岳爽. 基于单边引力模型的中资金融机构跨境并购研究 [J]. 经

济与管理评论，2019，35（2）：103-117.

[90] 张军. 企业国际化中的心理距离界定、测量及化解对策 [J]. 商业时代，2014，33（1）：84-85.

[91] 张爽. 心理距离、东道国需求和对外直接投资 [D]. 海口：海南大学，2018.

[92] 张宇婷，蒋云龙. 地区经济集聚、企业异质性与外来者劣势 [J]. 现代经济探讨，2017，36（7）：45-54.

[93] 张宇婷，孙换. 外来者劣势研究脉络与展望：基于 CiteSpace 的分析 [J]. 科技进步与对策，2021，38（3）：151-160.

[94] 张宇婷，唐美林，孙换. 考虑制度环境的企业社会责任与外来者劣势——基于模糊集的定性比较分析 [J]. 重庆工商大学学报（社会科学版），2020，38（6）：73-82.

[95] 张宇婷，王增涛. 外来者劣势的基本问题：动态演进视角 [J]. 亚太经济，2014，30（1）：97-103，107.

[96] 张宇婷，王增涛. 制度距离对外来者劣势的影响：模仿同构的调节效应 [J]. 当代财经，2015，36（4）：97-106.

[97] 张宇婷，王增涛，蒋云龙. 地区经济集聚对外来者劣势的影响——基于 500 家在华跨国子公司的分析 [J]. 国际贸易问题，2016，42（7）：109-118.

[98] 张宇婷，余沙沙. 促进还是阻碍？国际化速度与企业绩效的关系研究——基于 Meta 分析方法 [J]. 山东财经大学学报，2022，34（5）：110-120.

[99] 张月月. 本土装备制造企业国际化进入后速度的驱动因素及其对创新绩效的影响研究 [D]. 杭州：浙江工商大学，2020.

[100] 赵进. 产业集群生态系统的协同演化机理研究 [D]. 北京：北京交通大学，2012.

[101] 赵君丽，童非. 并购经验、企业性质与海外并购的外来者劣势 [J]. 世界经济研究，2020，39（2）：71-82，136.

[102] 钟文晶，陈婷，许艳婷．心理距离与中国对外农业直接投资区位选择 [J]．农林经济管理学报，2020，19（2）：161 – 170.

[103] 钟熙，陈伟宏，林越颖．CEO 特征、国际化速度与企业绩效 [J]．中国科技论坛，2018，34（9）：141 – 147.

[104] 周楠，朱玉杰，孙慧．密度制约模型中的合法化：公司以及地域异质性在海外扩张中的调节作用 [J]．管理世界，2009，25（3）：111 – 120.

[105] 周文．产业空间集聚机制理论的发展 [J]．经济科学，1999，21（6）：96 – 101.

[106] 朱华．外来者劣势、组织学习与中国企业跨国并购意图的实现 [J]．科研管理，2018，39（8）：80 – 90.

[107] 祝继高，龙沐晨，朱佳信．"一带一路"倡议下外来者劣势如何转化为优势？——基于社会网络视角的案例分析 [J]．财经研究，2021，47（11）：139 – 153.

[108] Ajinkya B B, Jain P C. The behavior of daily stock market trading volume [J]. Journal of Accounting and Economics, 1989, 11 (4): 331 – 359.

[109] Aldrich H E, Auster E. Small business vulnerability, ethnic enclaves, and ethnic enterprise [J]. Urban Affairs Quarterly, 1984, 10 (3): 327 – 348.

[110] Ambos B, Håkanson L. The concept of distance in international management research [J]. Journal of International Management, 2014, 20 (1): 1 – 7.

[111] Amburgey T L, Rao H. Organizational ecology: Past, present, and future directions [J]. Academy of Management Journal, 1996, 39 (5): 1265 – 1286.

[112] Amdam R P, Lunnan R, Bjarnar O. Keeping up with the neighbors: the role of cluster identity in internationalization [J]. Journal of World Business, 2020, 55 (5): 101 – 125.

[113] Anderson J A. Cognitive styles and multicultural populations [J]. Journal of Teacher Education, 1988, 39 (1): 2 – 9.

[114] Andersson U, Forsgren M, Holm U. The strategic impact of external net-works: subsidiary performance and competence development in the multina-tional corporation [J]. Strategic Management Journal, 1996/2002, 23 (11): 979 –996.

[115] Andersson U, Cuervo-Cazurra A, Nielsen B B. From the editors: explai-ning interaction effects within and across levels of analysis [J]. Journal of International Business Studies, 2014, 45 (9): 1063 –1071.

[116] Asmussen J W, Von Sperling M L, Penkowa M. Intraneuronal signaling pathways of metallothionein [J]. Journal of Neuroscience Research, 2009, 87 (13): 2926 –2936.

[117] Ataullah A, Le H. Financial repression and liability of foreignness in de-veloping countries [J]. Applied Economics Letters, 2004, 11 (9): 545 –549.

[118] Audretsch D B, Feldman M P. R&D Spillovers and the geography of inno-vation and production [J]. The American Economic Review, 1996, 86 (3): 630 –640.

[119] Auster E, Aldrich H. Small business vulnerability, ethnic enclaves and ethnic enterprise [M]. Cambridge: Cambridge University Press, 1984.

[120] Autio E, Sapienza H J, Almeida J G. Effects of age at entry, knowledge intensity, and imitability on international growth [J]. Academy of Man-agement Journal, 2000, 43 (5): 909 –924.

[121] Azar G, Drogendijk R. Psychic distance, innovation, and firm perform-ance [J]. Management International Review, 2014, 54 (5): 581 –613.

[122] Baik B, Kang J K, Kim J M. The liability of foreignness in international equity investments: evidence from the US stock market [J]. Journal of In-ternational Business Studies, 2013, 44 (4): 391 –411.

[123] Barbara S, Schlegelmilch B. Explaining export development through psy-chic distance: enlightening or elusive? [J]. International Marketing Re-

view, 1998, 15 (5): 357 – 372.

[124] Barkema H G, Bell J H J, Pennings J. Foreign entry, cultural barriers, and learning [J]. Strategic Management Journal (1986 – 1998), 1996, 17 (2): 151 – 166.

[125] Barkema H G, Drogendijk R. Internationalising in small, incremental or larger steps? [J]. Journal of International Business Studies, 2007, 38 (7): 1132 – 1148.

[126] Barnard H. Overcoming the liability of foreignness without strong firm capabilities: the value of market-based resources [J]. Journal of International Management, 2010, 16 (2): 165 – 176.

[127] Barney J, Wright M, Ketchen Jr D J. The resource-based view of the firm: ten years after 1991 [J]. Journal of Management, 2001, 27 (6): 625 – 641.

[128] Barnett R. Higher education: a critical business [M]. McGraw-Hill Education (UK), 1997.

[129] Barnett L A. Developmental benefits of play for children [J]. Journal of Leisure Research, 1990, 22 (2): 138 – 153.

[130] Bas D, Hennart J, Kim D, et al. Sources of and responses to the liability of foreignness: the case of Korean companies in the Netherlands [J]. Global Economic Review, 2007, 36 (1): 17 – 35.

[131] Basu A. Economics of individualization in comparative effectiveness research and a basis for a patient-centered health care [J]. Journal of Health Economics, 2011, 30 (3): 549 – 559.

[132] Basu N, Chevrier M. Distance, information asymmetry and mergers: evidence from Canadian firms [J]. Managerial Finance, 2011, 37 (1): 21 – 33.

[133] Bathelt H, Li P. Global cluster networks-foreign direct investment flows from Canada to China [J]. Journal of Economic Geography, 2014, 14

(1): 45 - 71.

[134] Baum J A C, Singh J V. Organizational niches and the dynamics of organizational founding [J]. Organization Science, 1994, 5 (4): 483 - 501.

[135] Beckerman W. Distance and the pattern of intra-Europeantrade [J]. The Review of Economics and Statistics, 1956, 38 (1): 31 - 40.

[136] Bell R G, Filatotchev I, Rasheed A A. The liability of foreignness in capital markets: sources and remedies [J]. Journal of International Business Studies, 2012, 43 (2): 107 - 122.

[137] Bello D C, Gilliland D I. The effect of output control, process controls, and flexibility on export channel performance [J]. Journal of Marketing, 1997, 61 (1): 22 - 38.

[138] Benito G R G, Gripsrud G. The expansion of foreign direct investment: Discrete relational location choices or a cultural learning process? [J]. Journal of International Business Studies, 1992, 23 (3): 461 - 476.

[139] Berry S, Waldfogel J. Product quality and market size [J]. Managerial and Decision Economics, 2010, 58 (1): 1 - 31.

[140] Blanchard O J, Quah D. The dynamic effects of aggregate demand and aggregate supply [J]. The American Economic Review, 1989, 79 (4): 655 - 673.

[141] Blomkrist K, Drogendijk R. The impact of psychic distance on Chinese outward foreign direct investment [J]. Management International Review, 2013, 53 (5): 659 - 686.

[142] Bloodgood J M, Sapienza H J, Almeida J G. The internationalization of new high-potential US ventures: antecedents and outcomes [J]. Entrepreneurship Theory and Practice, 1996, 20 (4): 61 - 76.

[143] Bonaccorsi A. On the relationship between firm size and export intensity [J]. Journal of International Business Studies, 1992, 23 (12): 605 - 635.

［144］ Bonaglia F，Goldstein A，Mathews J A. Accelerated internationalization by emerging markets multinationals：the case of the white goods sector ［J］. Journal of World Business，2007，42（4）：369 – 383.

［145］ Bosch-Sijtsema P M，Ruohomäki V，Vartiainen M. Multi-locational knowledge workers in the office：navigation，disturbances and effectiveness ［J］. New Technology，Work and Employment，2010，25（3）：183 – 195.

［146］ Boschma R. Proximity and innovation：a critical assessment ［J］. Regional Studies，2005，39（1）：61 – 74.

［147］ Boyacigiller N. The role of expatriates in the management of interdependence complexity and risk in multinational corporations ［J］. Journal of International Business Studies，1990，21（3）：357 – 381.

［148］ Brewer M B. The social psychology of ingergroup relations：social categorization，ingroup bias，and outgroup prejudice ［M］. The Guilford Press，2007.

［149］ Brittain J W，Freeman J H. Organizational proliferation and density dependent selection：organizational evolution in the semiconductor industry ［M］. Institute of Industrial Relations，University of California，1980.

［150］ Buckley P J，Casson M. The optimal timing of a foreign direct investment ［J］. The Economic Journal，1981，91（361）：75 – 87.

［151］ Bunyaratavej K，Hahn E D，Doh J P. International offshoring of services：a parity study ［J］. Journal of International Management，2007，13（1）：7 – 21.

［152］ Cader A H，Leatherman C J. Entrepreneurship in technological regimes in metro and non-matroareas ［J］. International Journal of Foresight and Innovation Policy，2011，7（1/2/3）：114 – 128.

［153］ Calof J L. The relationship between firm size and export behavior revisited ［J］. Journal of International Business Studies，1994，25（2）：367 – 387.

[154] Campbell J T, Eden L, Miller S R. Multinationals and corporate social responsibility in host countries: does distance matter? [J]. Journal of International Business Studies, 2012, 43 (1): 84 – 106.

[155] Canfei H. Location of foreign manufactures in China: agglomeration economies and country of origin effects [J]. Regional Science, 2003, 82 (3): 351 – 372.

[156] Carroll G R, Hannan M T. Density dependence in the evolution of populations of newspaper organizations [J]. American Sociological Review, 1989, 54 (4): 524 – 541.

[157] Carroll G R, Hannan M T. Organizations in industry: strategy, structure, and selection [M]. New York: Oxford University Press, 1995.

[158] Carroll R L. Vertebrate paleontology andevolution [M]. WH Freeman, 1988.

[159] Casillas J C, Acedo F J. Speed in the internationalization process of the firm [J]. International Journal of Management Reviews, 2013, 15 (1): 15 – 29.

[160] Casillas J C, Moreno A M, Acedo F J. Path dependence view of export behaviour: a relationship between static patterns and dynamic configurations [J]. International Business Review, 2012, 21 (3): 465 – 479.

[161] Casillas J C, Moreno A M. Speed of the internationalization process: the role of diversity and depth in experiential learning [J]. Journal of International Business Studies, 2014, 45 (1): 85 – 101.

[162] Caussat P, Prime N, Wilken R. Howmultinational banks in India gain legitimacy: organisational practices and resources required for implementation [J]. Management International Review, 2019, 59 (4): 561 – 591.

[163] Chan P, Finnegan C, Sternquist B. Country and firm level factors in international retailexpansion [J]. European Journal of Marketing, 2011, 45 (6): 1005 – 1022.

[164] Chang J. International expansion path, speed, product diversification and

performance among emerging-market MNEs: evidence from Asia-Pacific multinational companies [J]. Asian Business & Management, 2007, 6 (4): 331 – 353.

[165] Chang S, Park S. Types of firms generating network externalities and MNC's co-location decisions [J]. Strategic Management Journal, 2005, 26 (7): 595 – 615.

[166] Chang S J, Rhee J H. Rapid FDI expansion and firm performance [J]. Journal of International Business Studies, 2011, 42 (8): 979 – 994.

[167] Chelariu C. Bello D C. Gilliland D I. Institutional antecedents and performance consequences of influence strategies in export channels to Eastern European transitional economies [J]. Journal of Business Research, 2006, 59 (5): 525 – 534.

[168] Chen T. Liability of foreignness and entry mode choice: Taiwanese firms in Europe [J]. Journal of Business Research, 2006, 59 (2): 288 – 294.

[169] Chen H, Griffith D A, Hu M Y. The influence of liability of foreignness on market entry strategies, an illustration of market entry in China [J]. International Marketing Review, 2006, 23 (6): 636 – 649.

[170] Chen H, Li X, Zeng S, et al. Does state capitalism matter in firm internationalization? pace, rhythm, location choice, and productdiversity [J]. Management Decision, 2016, 54 (6): 1320 – 1342.

[171] Cheng S M, Stough R R. Location decisions of Japanese new manufacturing plants in China: a discrete-choice analysis [J]. The Annals of Regional Science, 2006, 40 (2): 369 – 387.

[172] Cheng Y Q, Cao A J, Sheng H W, et al. Local order influences initiation of plastic flow in metallic glass: effects of alloy composition and sample cooling history [J]. Acta Materialia, 2008, 56 (18): 5263 – 5275.

[173] Chetty S, Johanson M, Martin O M. Speed of internationalization: conceptualization, measurement and validation [J]. Journal of World Busi-

ness, 2014, 49 (4): 633 - 650.

[174] Chung W, Alcacer J. Knowledge seeking and location choice of foreign direct investment in the United States [J]. Management Science, 2002, 48 (12): 1534 - 1554.

[175] Chung W, Kalnins A. Agglomeration effects and performance: a test of the Texas lodging industry [J]. Strategic Management Journal, 2001, 52 (2): 969 - 988.

[176] Ciabuschi F, Holm U, Martín O M. Dual embeddedness, influence and performance of innovating subsidiaries in the multinational corporation [J]. International Business Review, 2014, 23 (5): 897 - 909.

[177] Cleeve E A, Debrah Y, Yiheyis Z. Human capital and FDI inflow: an assessment of the African case [J]. World Development, 2015, 74 (1): 1 - 14.

[178] Cortina J M, Köhler T, Nielsen B B. Restriction of variance interaction effects and their importance for international business research [J]. Journal of International Business Studies, 2015, 46 (8): 879 - 885.

[179] Crilly D, Zollo M, Hansen M T. Faking it or muddling through? understanding decoupling in response to stakeholder pressures [J]. Academy of Management Journal, 2012, 55 (6): 1429 - 1448.

[180] Cuervo-Cazurra A, Maloney M M, Manrakhan S. Causes of the difficulties in internationalization [J]. Journal of International Business Studies, 2007, 38 (5): 709 - 725.

[181] Davision W P. The third-person effect incommunication [J]. Public Opinion Quarterly, 1983, 47 (1): 1 - 15.

[182] Delacroix J, Carroll G R. Organizational foundings: an ecological study of the newspaper industries of Argentina and Ireland [J]. Administrative Science Quarterly, 1983, 28 (2): 274 - 291.

[183] Dikova D, Panibratov A, Veselova A. Investmentmotives, ownership advanta-

ges and institutional distance: an examination of russian cross-border acquisitions [J]. International Business Review, 2019, 28 (4): 625 –637.

[184] Douglas N L. Enemies of critical thinking: lessons from social psychologyresearch [J]. Reading Psychology, 2000, 21 (2): 129 –144.

[185] Dow D. A note on psychological distance and export market selection [J]. Journal of International Marketing, 2000, 8 (1): 51 –64.

[186] Dow D, Ferencikova S. More than just national cultural distance: testing new distance scales on FDI in Slovakia [J]. International Buisness Review, 2010, 19 (1): 46 –58.

[187] Dow D, Karunaratna A. Developing a multidimensional instrument to measure psychis distance stimuli [J]. Journal of International Business Studies, 2006, 37 (5): 575 –577.

[188] Eden L, Miller S R. Distance matters: liability of foreignness, institutional distance and ownership strategy [J]. Advances in International Management, 2004, 16 (9): 187 –221.

[189] Eden L, Nielsen B B. Research methods in international business: the challenge of complexity [J]. Journal of International Business Studies, 2020, 51 (9): 1609 –1620.

[190] Edman J. Reconciling the advantages and liabilities of foreignness: towards an identity-based framework [J]. Journal of International Business Studies, 2016, 47 (6): 674 –694.

[191] Elango B. Minimizing effects of "liability of foreignness": response strategies of foreign firms in the United States [J]. Journal of World Business, 2009, 44 (1): 51 –62.

[192] Ellis R. The study of second language acquisition [M]. 2nd ed. Oxford: Oxford University Press, 2008.

[193] Evans J, Bridson K. Explaining retail offer adaptation through psychic distance [J]. International Journal of Retail & Distribution Management,

2005, 33 (1): 69 – 78.

[194] Evans J, Mavondo F T. Psychic distance and organizational performance: an empirical examination of international retailing operations [J]. Journal of International Business Studies, 2002, 33 (3): 515 – 532.

[195] Evans J, Treadgold A, Mavondo F T. Psychic distance and the performance of international retailers: a suggested theoretical framework [J]. International Marketing Review, 2000, 17 (4): 373 – 391.

[196] Fainshmidt S, Witt M A, Aguilera R V et al. The contributions of qualitative comparative analysis (QCA) to international business research [J]. Journal of International Business Studies, 2020, 51 (1): 455 – 466.

[197] Fang F C, Steen R G, Casadevall A. Misconduct accounts for the majority of retracted scientific publications [J]. Proceedings of the National Academy of Sciences, 2012, 109 (42): 17028 – 17033.

[198] Fernhaber S A, Golbert B A, Mcdougall P P. International entrepreneurship and geographic location: an empirical examination of new venture internationalization [J]. Palgrave Macmillan UK, 2014, 39 (2): 267 – 290.

[199] Fernhaber S A, Mcdougall P P. New venture growth in international markets: the role of strategic adaptation and networking capabilities [J]. Advances in Entrepreneurship Firm Emergence & Growth, 2005, 8 (5): 111 – 136.

[200] Fligstein N. The spread of the multidivisional form among large firms, 1919 – 1979 [J]. American Sociological Review, 1985, 50 (3): 377 – 391.

[201] Fiss P C. Buildingbetter causal theories: a fuzzy set approach to typologies in organization research [J]. Academy of Management Journal, 2011, 54 (2): 393 – 420.

[202] Fiss P C, Sharapov D, Cronqvist L. Opposite attract? opportunities and challenges for integrating large-N QCA and econometric analysis [J]. Political Research Quarterly, 2013, 66 (1): 191 – 198.

［203］Fortwengel J. Understanding when MNCs can overcome institutional distance: a research agenda ［J］. Management International Review, 2017, 57 (6): 793－814.

［204］Gairola D, Chong S Y. An economics-inspired noise model in spatial games with reputation ［M］. Berlin: Springer Berlin, 2012.

［205］García-García R, García-Canal E, Guillén MF. Rapid internationalization and long-term performance: the knowledge link ［J］. Journal of World Business, 2017, 14 (1): 97－110.

［206］García-García A, et al. A review on deep learning techniques applied to semantic segmentation ［J］. 2017, 22 (4): 114－127.

［207］Gomes R M, Cameiro J, Dib L A. Branded retailer expansion on a continent-sized emerging market ［J］. International Journal of Retail & Distribution Management, 2018, 46 (9): 820－834.

［208］Grant V. The evolutionary process: A critical study of evolutionary theory ［M］. 2nd ed. New York: Columbia University Press, 1991.

［209］Grashof N. Spill over or Spill out?: a multilevel analysis of the cluster and firm performance relationship ［J］. Industry and Innovation, 2021, 28 (10): 298－1331.

［210］Gu L L, Yang G H, Zuo R. Dual liability and the moderating effect of corporate social responsibility: evidence from Belt & Road investment of Chinese firms ［J］. Emerging Markets Review, 2022, 50 (3): 1－22.

［211］Guillen M F. Structural inertia, imitation, and foreign expansion: Korean firms and business groups in China ［J］. Academy of Management Journal, 2002, 45 (3): 509－525.

［212］Guo Y, Rammal H G, Benson J, et al. Interpersonal relations in China: expatriates' perspective on the development and use of Guanxi ［J］. International Business Review, 2018, 27 (2): 455－464.

［213］Håkanson L. The role of psychic distance in international trade: a longitudinal analysis [J]. International Marketing Review, 2014, 31 (3): 210 – 236.

[214] Håkanson L, Dow D. Markets and networks in international trade: on the role of distance in globalization [J]. Management International Review, 2012, 52 (8): 761 – 789.

[215] Hallén L. Widershieim-Paul F. The evolution of psychic distance in international business relations [M]. Psychology, 1984.

[216] Haans R F, Pieters C, He Z L. Thinking about U: theorizing and testing U-and inverted U-shaped relationships in strategy research [J]. Strategic Management Journal, 2016, 37 (7): 1177 – 1195.

[217] Hannan M T, Carroll G R, et al. Organizational evolution in a multinational context: entries of automobile manufacturers in Belgium, Britain, France, Germany and Italy [J]. American Sociological Review, 1995, 60 (4): 509 – 528.

[218] Hannan M T, Freeman J H. The population ecology of organizations [J]. American Journal of Sociology, 1977, 82 (5): 929 – 964.

[219] Hannan M T, Freeman J H. The ecology of organizational founding: american labor unions, 1836 – 1935 [J]. American Journal of Sociology, 1987, 92 (4): 910 – 943.

[220] Hannan M T, Freeman J. Organizational ecology [M]. Harvard university press, 1989.

[221] Harry G B, John B J, Pennings, et al. Foreign entry, cultural barriers, and learning [J]. Strategic Management Journal, 1996, 17 (2): 151 – 166.

[222] Hawley P R. New discoveries in medicine: their effect on the public health [M]. Columbia University Press, 1950.

[223] Hennart J F. A theory of multinational enterprise [M]. Ann Arbor: University of Michigan Press, 1982.

[224] Hennart J F, Roehl T, Zeng M. Doexits proxy a liability of foreignness? the case of Japanese exits from the US [J]. Journal of International Man-

agement，2002，8（3）：241 - 264.

［225］Henisz W J，Delios A. Uncertainty，imitation and plant location：Japanese multinational corporations［J］. Administrative Science Quarterly，2001，46（3）：443 - 477.

［226］Hilmersson M. Small and medium-sized enterprise internationalisation strategy and performance in times of market turbulence［J］. International Small Business Journal，2014，32（4）：386 - 400.

［227］Hilmersson M，Johanson M. Speed of SME internationalization and performance［J］. Management International Review，2016，56（7）：67 - 94.

［228］Hinings C R，Pugh D S，Hickson D J. The context of organization structures［J］. Administrative Science Quarterly，1969，14（1）：91 - 114.

［229］］Hutchinson G E. Population studies：animal ecology and demography［J］. Bulletin of Management Biology，1957，53（5）：193 - 213.

［230］Hymer S H. The international operations of national firms：a study of direct foreign investment［M］. Cambridge，MA：MIT Press，1976.

［231］Hymer S H. The international operations of national firms，a study of direct foreign investment［D］. Massachusetts Institute of Technology，1960.

［232］Jiang R J，Beamish P W，Makino S. Time Compression Diseconomies in Foreign Expansion［J］. Journal of World Business，2014，49（1）：114 - 121.

［233］Joardar A，Wu S. Liabilities and benefits：examining the two sides of the foreignness coin from entrepreneurial perspective［J］. International Business Review，2017，26（6）：1157 - 1167.

［234］Johanson J，Vahlne J E. The Uppsala internationalization process model revisited：from liability of foreignness to liability of outsidership［J］. Journal of International Business Studies，2009，40（5）：1411 - 1431.

［235］Johanson J，Vahlne J E. The internationalization process of the firm：a model of knowledge development and increasing foreign market commitments［J］. Journal of International Business Studies，1977，8（1）：23 - 32.

[236] Johanson J, Wiedersheim P F. The internationalization of the firm: four Swedish cases [J]. Journal of management studies, 1975, 12 (3): 305 – 323.

[237] Jones M V, Coviello N E. Internationalisation: conceptualising an entrepreneurial process of behaviour intime [J]. Journal of International Business Studies, 2005, 36 (3): 284 – 303.

[238] Kang S C, Snell S A, Swart J. Options-based HRM, intellectual capital, and exploratory and exploitative learning in law firms' practice groups [J]. Human Resource Management, 2012, 51 (4): 461 – 485.

[239] Kang Y F, Li Q. The effects of institutional difference and resource seeking intent on location choice of Chinese outward FDI [J]. Theoretical Economics Letters, 2018, 8 (5): 981 – 1003.

[240] Kaiser U, Sofka W. The pulse of liability of foreignness: dynamic legitimacy and experience effects in the German carmarket [J]. ZEW-Centre for European Economic Research Discussion Paper, 2006: NO. 06 – 070.

[241] Keith D B, Nakos G, Dimitratos P. SME entrepreneurial orientation, international performance, and the moderating role of strategic alliances [J]. Entrepreneurship Theory and Practice, 2015, 39 (5): 1161 – 1187.

[242] Khavul S, Perez-Nordtvedt L, Wood E. Organizational entrainment and international new ventures from emerging markets [J]. Journal of Business Venturing, 2010, 25 (1): 104 – 119.

[243] Kim H-D, Kim T, Kim Y, et al. Do long-term institutional investors promote corporate social responsibility activities? [J]. Journal of Banking & Finance, 2019, 101 (4): 256 – 269.

[244] Kim J U, Aguilera R V. Foreign location choice: review and extensions [J]. International Journal of Management Reviews, 2016, 18 (2): 133 – 159.

[245] Klein S, Frazier G L, Roth V J. A transaction cost analysis model of channel integration in international markets [J]. Journal of Marketing Research, 1990, 27 (2): 196 – 208.

[246] Klein S, Roth V. J. Determinants of export channel structure: the effects of experience and psychicdistance [J]. International Marketing Review, 1990, 7 (4), 27 – 38.

[247] Klossek A, Linke B M, Nippa M. Chinese enterprises in Germany: establishment modes and strategies to mitigate the liability of foreignness [J]. Journal of World Business, 2012, 47 (1): 35 – 44.

[248] Kogut B, Singh H. The effect of national culture on the choice of entry mode [J]. Journal of International Business Studies, 1988, 19 (3): 411 – 432.

[249] Kor Y Y, Mesko A. Dynamic managerial capabilities: configuration and orchestration of top executives' capabilities and the firm's dominant logic [J]. Strategic Management Journal, 2013, 34 (2): 233 – 244.

[250] Kostova T, Zaheer S. Organizational legitimacy under conditions of complexity: the case of the multinational enterprise [J]. Academy of Management Review, 1999, 24 (1): 64 – 81.

[251] Kronborg D, Thomsen S. Foreign ownership and long-term survival [J]. Strategic Management Journal, 2009, 30 (2): 207 – 219.

[252] Krugman P. Increasing returns and economic geography [J]. Journal of Political Economy, 1990, 99 (3): 483 – 499.

[253] Kudina, A. Regional strategies, liability of foreignness, and firm performance [J]. Multinational Business Review, 2012, 20 (4): 331 – 351.

[254] Kuivalainen O, Sundqvist S, Servais P. Firms' degree of born-globalness, international entrepreneurial orientation and export performance [J]. Journal of world business, 2007, 42 (3): 253 – 267.

[255] Lamin A. Livanis G. Agglomeration, catch-up and the liability offoreignness in emerging economies [J]. Journal of International Business Studies, 2013, 44 (5): 579 – 606.

[256] Lee K, Wang S H. Regional heterogeneity and location choice of FDI in Korea via agglomeration and linkage relationships [J]. Journal of the Asia Pacific

Economy, 2014, 19 (3): 464 –487.

[257] Li L, Qian G, Qian Z. Early internationalization and performance of small high-tech "born-globals" [J]. International Marketing Review, 2012, 29 (5): 536 –561

[258] Li J T, Yang J Y, Yue D R. Identity, community, and audience: how wholly owned foreign subsidiaries gain legitimacy in China [J]. Academy of Management Journal, 2007, 50 (1): 175 –190.

[259] Li J J, Poppo L, Zhou K Z. Do managerial ties in china always produce value? competition, uncertainty, and domestic vs. foreign firms [J]. Strategic Management Journal, 2008, 29 (4): 383 –400.

[260] Li P. Horizontal versus vertical learning: Divergence and diversification of lead firms in the Hangji toothbrush cluster, China [J]. Regional Studies, 2014, 48 (7): 1227 –1241.

[261] Liu H Y, Jiang J, Zhang L, et al. OFDI agglomeration and Chinese firm location decisions under the "Belt and Road" initiative [J]. Sustainability, 2018, 11 (10): 40 –60.

[262] Lotka A J. Analytical note on certain rhythmic relations in organic systems [J]. Biological Science, 1920, 6 (7): 410 –415.

[263] Lu J, Liu X, Wright M. International experience and FDI location choices of Chinese firms: the moderating effects of home country government support and host country institutions [J]. Journal of International Business Studies, 2014, 45 (4): 428 –449.

[264] Lu J W, Ma H, Xie X L. Foreignness research in international business: major streams and future directions [J]. Journal of International Business Studies, 2022, 53 (9): 449 –480.

[265] Lu Q, Hwang P. The impact of liability of foreignness on international venture capital firms in Singapore [J]. Asia Pacific Journal of Management, 2010, 27 (1): 81 –97.

[266] Luo Y, Hongxin Zhao J, Du J. The internationalization speed of e-commerce companies: an empirical analysis [J]. International Marketing Review, 2005, 22 (6): 693 – 709.

[267] Luo Y, Shenkar O, Nyaw M K. Mitigating liabilities of foreignness: Defensive versus offensive approaches [J]. Journal of International Management, 2002, 8 (3): 283 – 300.

[268] Luo Y, Tan J J. A Comparison of multinational and domestic firms in an emerging market: a strategic choice perspective [J]. Journal of International Management, 1998, 4 (1): 21 – 40.

[269] Madhok A, Keyhani M. Acquisitions as entrepreneurship: Asymmetries, opportunities, and the internationalization of multinationals from emerging economies [J]. Global Strategy Journal, 2012, 2 (1): 26 – 40.

[270] Marshall A. Principles of economics [M]. London: Macmillan, 1920.

[271] Marano V, Arregle J L, Hitt M A. Home country institutions and the internationalization-performance relationship [J]. Journal of Management, 2016, 42 (5): 1075 – 1110.

[272] Mata J, Freitas E. Foreignness andexit over the life cycle of firms [J]. Journal of International Business Studies, 2012, 43 (7): 615 – 630.

[273] Mathews, J. A. Dragon multinationals: new players in 21st century globalization [J]. Asia Pacific Journal of Management, 2006, 23 (1): 5 – 27.

[274] Mayers D, Smith C W. On the corporate demand for insurance: evidence from the reinsurance market [J]. The Journal of Business, 1990, 63 (1): 19 – 40.

[275] McKelvey B. Organizational systematics: taxonomy, evolution [J]. Classification, University of California Press. Berkeley, 1982.

[276] Mckendrick G D, Jaffee J, Carroll R G. In the bud? Disk array producers as a (possibly) emergent organizational form [J]. Administrative Science Quarterly, 2003, 48 (1): 60 – 93.

［277］ Mesquita L F. Location and the global advantage offirms ［J］. Global Strate-
gy Journal, 2016, 6 (1): 3 – 12.

［278］ Meyer K E, Li C G, Schotter A P J. Managing the MNE subsidiary: ad-
vancing amulti-level and dynamic research agenda ［J］. Journal of Interna-
tional Business Studies, 2020, 51 (1): 538 – 576.

［279］ Mezias J M. Identifying liabilities of foreignness and strategies to minimize
their effects: the case of labor lawsuit judgments in the United States ［J］.
Strategic Management Journal, 2002, 23 (3): 229 – 244.

［280］ Miguel C. Manjón-Antolín, Arauzo-Carod J M. Firm survival: methods
and evidence ［J］. Empirica, 2008, 35 (1): 1 – 24.

［281］ Miller S R, Parkhe A. Is there a LOF in global banking? an empirical test
of bank's X-efficiency ［J］. Strategic Management Journal, 2002, 23
(1): 55 – 75.

［282］ Miller S R, Richards M. Liability of foreignness and membership in a re-
gional economic group: analysis of the European Union ［J］. Journal of In-
ternational Management, 2002, 8 (3): 323 – 337.

［283］ Misangyi V F, Acharya A G. Substitutes or complements? a configurational
examination of corporate governance mechanisms ［J］. Academy of Manage-
ment Journal, 2014, 57 (6): 1681 – 1705.

［284］ Mohr A, Batsakis G. Intangible assets, international experience and the
internationalization speed of retailers ［J］. International Marketing Review,
2014, 31 (6): 601 – 620.

［285］ Mohr A, Batsakis G. Internationalization speed and firm performance: a
study of the market-seeking expansion of retail MNEs ［J］. Management In-
ternational Review, 2017, 57 (5): 153 – 177.

［286］ Mohr A T, Fastoso F, Wang C, et al. Testing the regional performance of
multinational enterprises in the retail sector: the moderating effects of tim-
ing, speed and experience ［J］. British Journal of Management, 2014, 25

(S1): 100 – 125.

[287] Morris S, Jain P. Empirical study on inter-country OFDI [R]. MPRA Working Paper, 2014.

[288] Muratova Y. Domestic acquisition experience and the internationalization of Chinese firms: the role of institutional heterogeneity [J]. Management and Organization Review, 2018, 14 (4): 693 – 714.

[289] Musteen M, Francis J, Datta D K. The influence of international networks on internationalization speed and performance: a study of Czech SMEs [J]. Journal of World Business, 2010, 45 (3): 197 – 205.

[290] Nachum L. Liability of foreignness in global competition? financial service affiliates in the city of London [J]. Strategic Management Journal, 2003, 24 (12): 1187 – 1208.

[291] Nachum L. When is foreignness an asset or a liability? explaining the performance differential between foreign and local firms [J]. Journal of Management, 2010, 36 (3): 714 – 739.

[292] Nadkarni S, Barr P S. Environmental context, managerial cognition, and strategic action: an integrated view [J]. Strategic Management Journal, 2008, 29 (13): 1395 – 1427.

[293] Nebus J, Chai K H. Putting the "psychic" back in psychic distance: awareness, perceptions, and understanding as dimensions of psychic distance [J]. Journal of International Management, 2014, 20 (1): 8 – 24.

[294] Newbert S L, Tornikoski E T. Resource acquisition in the emergence phase: considering the effects of embeddedness and resource dependence [J]. Entrepreneurship Theory and Practice, 2011, 37 (2): 249 – 280.

[295] Newburry W. Reputation and supportive behavior: moderating impacts of foreignness, industry and localexposure [J]. Corporate Reputation Review, 2010, 12 (1): 388 – 405.

[296] Newburry W, Gardberg N A, Belkin L Y. Organizational attractiveness is

in the eye of the beholder: the interaction of demographic characteristics with foreignness [J]. Journal of International Business Studies, 2006, 37 (7): 666 –686.

[297] Newenham-Kahindi A, Stevens C E. An Institutional logics approach to liability of foreignness: The case of mining MNEs in Sub-Saharan Africa [J]. Journal of International Business Studies, 2018, 49 (7): 881 –901.

[298] Nördström K A, Vahlne J-E. Is the globe shrinking? psychic distance and the establishment of Swedish sales subsidiaries during the last 100 years [M]. International Trade: Regional and Global Issues, Landeck M., ed. New York: St. Martin's Press, 1994.

[299] O' Grady S, Lane H W. The psychic distance paradox [J]. Journal of International Business Studies, 1996, 27 (2): 309 –333.

[300] Oviatt B M, Mcdougall P P. Defining international entrepreneurship and modeling the speed of internationalization [J]. Strategic Direction, 2005, 22 (3): 537 –554.

[301] Oviatt B M, Mcdougall P P. Toward a theory of international new ventures [J]. Journal of International Business Studies, 1994, 25 (1): 45 –64.

[302] Pacheco-de-Almeida G. Erosion, time compression, and self-displacement of leaders in hypercompetitive environments [J]. Strategic Management Journal, 2010, 31 (13): 1498 –1526.

[303] Pandit N R, Cook G A. S, Wan F, et al. The economies and diseconomies of industrial clustering: multinational enterprises versus uninational enterprises [J]. Management International Review, 2018, 58 (6): 935 –967.

[304] Paul C, Nathalie P, Robert W. How multinational banks in India gain legitimacy: organisational practices and resources required for implementation [J]. Management International Review, 2019, 59 (8): 561 –591.

[305] Pennings J M. Organizational birth frequencies: an empirical investigation

[J]. Administrative Science Quarterly, 1982, 27 (1): 120 - 144.

[306] Peredo A M, Anderson R B, Galbraith C S. Towards a theory of indigenous entrepreneurship [J]. International Journal of Entrepreneurship and Small Business, 2004, 1 (1 - 2): 1 - 20.

[307] Perez-Batres L A, Eden L. Is there a liability of localness? how emerging market firms respond to regulatory punctuations [J]. Journal of International Management, 2008, 14 (3): 232 - 251.

[308] Petersen B, Pedersen T. Coping with liability of foreignness: different leaning engagements of entrant firms [J]. Journal of International Management, 2002, 8 (3): 339 - 350.

[309] Petersen A, Pedersen B. The role of IL-6 in mediating the anti-inflammatory effects of exercise [J]. Journal of Physiol and Pharmacol, 2006, 57 (10): 43 - 51.

[310] Porac J F, Rosa J A. Rivarlry, industry models, and the cognitive embeddedness of the comparable firm [J]. Advances in Strategic Management, 1996, 13 (1): 363 - 388.

[311] Porter M E. Clusters and the new economics ofcompetition [J]. Harvard Business Review, 1998, 76 (6): 77 - 90.

[312] Powell K S. Profitability and speed of foreign marketentry [J]. Management International Review, 2014, 54 (12): 31 - 45.

[313] Prashantham S, Young S. Post-entry speed of international new ventures [J]. Entrepreneurship Theory and Practice, 2011, 35 (2): 275 - 292.

[314] Prime N, Obadia C, Vida I. Psychic distance in exporter-importer relationships: a grounded theory approach [J]. International Business Review, 2009, 18 (2): 184 - 198.

[315] Puig F, Madhok A, Shen Z. Investigating firm heterogeneity in country-of-origin cluster location choice decisions [J]. Multinational Business Review, 2020, 28 (2): 221 - 244.

[316] Putman R J. Facts from faeces [J]. Mammal review, 1984, 14 (2): 79 – 97.

[317] Qian G, Li L, Rugman A M. Liability of country foreignness and liability of regional foreignness: their effects on geographic diversification and firm performance [J]. Journal of International Business Studies, 2013, 44 (6): 635 – 647.

[318] Ragin C C. Redesigning social inquiry: fuzzy sets and beyond [M]. University of Chicago Press, 2008.

[319] Ragin C C, Fiss P C. NetEffects analysis versus configurational analysis: an empirical demonstration [C]// Ragin. C. C. Redesigning Social Inquiry: Fuzzy Sets and Beyond. Chicago: University of Chicago Press, 2008.

[320] Ramachandran J. Pant A. The liabilities of origin: an emerging economy perspective on the costs of doing business abroad [J]. Advances in International Management, 2010, 23 (9): 231 – 265.

[321] Ramos E, Acedo F J, Gonzalez M R. Internationalisation speed and technological patterns: a panel data study on Spanish SMEs [J]. Technovation, 2011, 31 (10 – 11): 560 – 572.

[322] Rangan S, Drummond A. Explaining outcomes in competition among foreign multinationals in a focal host market [J]. Strategic Management Journal, 2004, 25 (3): 285 – 293.

[323] Reus T, Lamont B. The double-edged sword of cultural distance in international acquisitions [J]. Journal of International Business Studies, 2009, 40 (5): 1298 – 1316.

[324] Rosenzweig P M, Singh J V. Organizational environments and the multinational enterprise [J]. Academy of Management review, 1991, 16 (2): 340 – 361.

[325] Sachdev H J, Bello D C. The effect of transaction cost antecedents on control mechanisms: exporters' psychic distance and economic knowledge as moderators [J]. International Business Review, 2014, 23 (2): 440 – 454.

［326］Sadeghi A, Rose E L, Chetty S. Disentangling the effects of post-entry speed of internationalization on INVs' export performance ［J］. International Small Business Journal, 2018, 36 (7): 780 –806.

［327］Salimath M S, Jones R. Population ecology theory: implications for sustainability ［J］. Management Decision, 2011, 49 (6): 874 –910.

［328］Salomon R, Wu Z. Institutional distance and local isomorphism strategy ［J］. Journal of International Business Studies, 2012, 43 (4): 343 –367.

［329］Sapienza H, Autio E, George G, et al. Acapabilities pderspective on the effects of early internationalization on firm survival and growth ［J］. Academy of Management Review, 2006, 31 (4): 914 –933.

［330］Schmidt T, Sofka W. Liability of foreignness as a barrier to knowledge spillovers: lost in translation? ［J］. Journal of International Management, 2009, 15 (4): 460 –474.

［331］Schneider C Q, Wagemann C. Set-theoretic methods for the social sciences: a guide to qualitative comparative analysis ［M］. Cambridge University Press, 2012.

［332］Schoenecker T S, Cooper A C. The role of firm resources and organizational attributes in determining entry timing: a cross-industry study ［J］. Strategic Management Journal, 1998, 19 (12): 1127 –1143.

［333］Sethi D, Guisinger S. Liability of foreignness to competitive advantage: how multinational enterprises cope with the international business environment ［J］. Journal of International Management, 2002, 8 (3): 223 –240.

［334］Shao Y, Shang Y. Decisions of OFDI engagement and location for heterogeneous multinational firms: evidence from Chinese firms ［J］. Technological Forecasting & Social Change, 2016, 112 (1): 178 –187.

［335］Shaver J M. Do foreign-owned and U. S. -owned establishments exhibit the same location pattern in U. S. manufacturing industries? ［J］. Journal of

International Business Studies, 1998, 29 (3): 469 – 482.

[336] Shaver J, Flyer F. Agglomeration economies, firm heterogeneity, and foreign direct investment in the United States [J]. Strategic Management Journal, 2000, 21 (12): 1175 – 1193.

[337] Singh J V. Organizational evolution: new directions [M]. 1990.

[338] Sousa C M P, Bradley F. Cultural distance and psychic distance: two peas in a pod? [J]. Journal of International Marketing, 2006, 14 (1): 49 – 70.

[339] Sofka W. Innovation activities abroad and the effects of liability of foreignness: Where it hurts [J]. ZEW Discussion Papers, No. 06 – 29, 2006.

[340] Sofka W, Zimmermann J. Regional economic stress as moderator of liability of foreignness [J]. Journal of International Management, 2008, 14 (2): 155 – 172.

[341] Stahl G K, Tung R L, Kostova T, et al. Widening the Lens: rethinking distance, diversity, and foreignness in international business research through positive organizational scholarship [J]. Journal of International Business Studies, 2016, 47 (6): 621 – 630.

[342] Stinchcombe A. Organization-creating organizations [J]. Transaction, 1965, 2 (2): 34 – 35.

[343] Stottinger B, Schlegelmilch B. Explaining export development through psychic distance: enlightening or elusive [J]. International Marketing Review, 1998, 15 (5): 357 – 372.

[344] Stoyanov S. Enabling social identity interaction: Bulgarian migrant entrepreneurs building embeddedness into a transnational network [J]. British Journal of Management, 2018, 29 (2): 373 – 388.

[345] Sullivan D. Measuring the degree of internationalization of a firm [J]. Journal of International Business Studies, 1994, 25 (6): 325 – 342.

[346] Tan D, Meyer K E. Country-of-origin and industry FDI agglomeration of

foreign investors in an emerging economy [J]. Journal of International Business Studies, 2011, 42 (4): 504 –520.

[347] Thomas G. CEO Compensation inrelation to worker compensation across countries: the configurational impact of country-level institutions [J]. Strategic Management Journal, 2016, 37 (4): 793 –815.

[348] Urzelai B, Puig F. Developing international social capital: the role of communities of practice and clustering [J]. International Business Review, 2019, 28 (2): 209 –221.

[349] Vermeulen F, Barkema H. Pace, rhythm, and scope: process dependence in building a profitable multinational corporation [J]. Strategic Management Journal, 2002, 23 (3): 637 –653.

[350] Virvilaitė R, Šeinauskienė B, The influence of psychic distance on export performance: the moderating effects of international experience [J]. Procedia-Social and Behavioral Sciences, 2015, 213 (1): 665 –670.

[351] Volterra V. Fluctuations in the abundance of a species considered mathematically [J]. Nature, 1926, 118 (10), 558 –560.

[352] Wagner H. Internationalization speed and cost efficiency: evidence from Germany [J]. International Business Review, 2004, 13 (4): 447 –463.

[353] Welch L S, Luostarinen R. Internationalization: evolution of aconcept [J]. Journal of General Management, 1988, 14 (2): 34 –55.

[354] Xu D, Shenkar O. Institutional distance and the multinational enterprise [J]. Academy of Management Review, 2002, 27 (4): 608 –618.

[355] Yang J Y, Lu J, Jiang R. Too slow or too fast? speed of FDI expansions, industry globalization, and firm performance [J]. Long Range Planning, 2017, 50 (1): 74 –92.

[356] Yi C, Xu X, Chen C, et al. Institutional distance, organizational learning, and innovation performance: outward foreign direct investment by Chinese multinational enterprises [J]. Emerging Markets Finance and Trade,

2020, 56 (2): 370 – 391.

[357] Yiu D, Makino S. The choice between joint venture and wholly owned subsidiary: an institutional perspective [J]. Organization Science, 2002, 13 (6): 667 – 683.

[358] Yu J Y, Kim S T. Short Communication Identifying the types of major El Niño events since 1870 [J]. International Journal of Climatology, 2013, 33 (8): 2105 – 2112.

[359] Yue Q, Deng P, Cao Y, et al. Post-acquisition control strategy and cross-border acquisition performance of Chinese MNEs: A fsQCA approach [J]. Management Decision, 2021, 59 (12): 2970 – 2991.

[360] Zaheer S. Overcoming the liability offoreignness [J]. Academy of Management Journal, 1995, 38 (2): 341 – 363.

[361] Zaheer S, Mosakowski E. The dynamics of the liability of foreignness: a global study of survival in financial services [J]. Strategic Management Journal, 1997, 18 (6): 439 – 463.

[362] Zahra S A, Ireland R D, Hitt M A. International expansion by new venture firms: international diversity, mode of market entry, technological learning, and performance [J]. Academy of Management journal, 2000, 43 (5): 925 – 950.

[363] Zeng P, Qin Y H. Study on the influence of urban administrative level and industrial agglomeration on foreign direct investment [J]. Journal of International Trade Issue, 2017, 31 (1): 104 – 115.

[364] Zeng Y, Shenkar O, Lee S H. Cultural differences, MNE learning abilities, and the effect of experience on subsidiary mortality in a dissimilar culture: Evidence from Korean MNEs [J]. Journal of International Business Studies, 2013, 44 (1): 42 – 65.

[365] Zhang Y T, Jiang Y L. Corporate social responsibility, organisational reputation and liability of foreignness [J]. South African Journal of Business

Management，2021，52（1）：1－11.

［366］ Zhou L，Wu A．Earliness of internationalization and performance out-comes：exploring the moderating effects of venture age and international commitment［J］．Journal of World Business，2014，49（1）：132－142.

［367］ Zhou L，Wu A，Barnes B R．The effects of early internationalization on performance outcomes in young international ventures：The mediating role of marketing capabilities［J］．Journal of International Marketing，2013，20（4）：25－45.

［368］ Zhou L，Bames B R，Lu Y．Entrepreneurial proclivity，capability upgra-ding and performance advantage of newness among international new ventures［J］．Journal of International Business Studies，2010，41（5）：882－905.

附表1　样本东道国文化距离六维度指数

序号	国家	权利距离	个人/集体主义	男性/女性度	不确定性规避	长短期导向	自身放纵与约束
1	奥地利	11	55	79	70	60.45	62.72
2	比利时	65	75	54	94	81.86	56.70
3	中国	80	20	66	30	87.41	23.66
4	捷克	57	58	57	74	70.03	29.46
5	芬兰	33	63	26	59	38.29	57.37
6	法国	68	71	43	86	63.48	47.77
7	德国	35	67	66	65	82.87	40.40
8	匈牙利	46	80	88	82	58.19	31.47
9	意大利	50	76	70	75	61.47	29.69
10	荷兰	38	80	14	53	67.01	68.30
11	挪威	31	69	8	50	34.51	55.13
12	波兰	68	60	64	93	37.78	29.24
13	葡萄牙	63	27	31	104	28.21	33.26
14	罗马尼亚	90	30	42	90	51.89	19.87
15	俄罗斯	93	39	36	95	81.36	19.87
16	塞尔维亚	86	25	43	92	52.14	28.13
17	斯洛伐克	104	52	110	51	76.57	28.35
18	斯洛文尼亚	71	27	19	88	48.61	47.54
19	西班牙	57	51	42	86	47.61	43.53
20	瑞典	31	71	5	29	52.89	77.68
21	土耳其	66	37	45	85	45.59	49.11

资料来源：霍夫斯泰德（Hofstede）网站。

附表 2 样本东道国经济自由度指数

国家	2011 年	2012 年	2013 年	2014 年	2015 年	2016 年	2017 年	2018 年	2019 年	2020 年	2021 年
奥地利	71.9	70.3	71.8	72.4	71.2	71.7	72.3	71.8	72	73.3	73.9
比利时	70.2	69	69.2	69.9	68.8	68.4	67.8	67.5	67.3	68.9	70.1
中国	52	51.2	51.9	52.5	52.7	52	57.4	57.8	58.4	59.5	58.4
捷克	70.4	69.9	70.9	72.2	72.5	73.2	73.3	74.2	73.7	74.8	73.8
芬兰	74	72.3	74	73.4	73.4	72.6	74	74.1	74.9	75.7	76.1
法国	64.6	63.2	64.1	63.5	62.5	62.3	63.3	63.9	63.8	66	65.7
德国	71.8	71	72.8	73.4	73.8	74.4	73.8	74.2	73.5	73.5	72.5
匈牙利	66.6	67.1	67.3	67	66.8	66	65.8	66.7	65	66.4	67.2
意大利	60.3	58.8	60.6	60.9	61.7	61.2	62.5	62.5	62.2	63.8	64.9
荷兰	74.7	73.3	73.5	74.2	73.7	74.6	75.8	76.2	76.8	77	76.8
挪威	70.3	68.8	70.5	70.9	71.8	70.8	74	74.3	73	73.4	73.4
波兰	64.1	64.2	66	67	68.6	69.3	68.3	68.5	67.8	69.1	69.7
葡萄牙	64	63	63.1	63.5	65.3	65.1	62.6	63.4	65.3	67	67.5
罗马尼亚	64.7	64.4	65.1	65.5	66.6	65.6	69.7	69.4	68.6	69.7	69.5

续表

国家	2011 年	2012 年	2013 年	2014 年	2015 年	2016 年	2017 年	2018 年	2019 年	2020 年	2021 年
俄罗斯	50.5	50.5	51.1	51.9	52.1	50.6	57.1	58.2	58.9	61	61.5
塞尔维亚	58	58	58.6	59.4	60	62.1	58.9	62.5	63.9	66	67.2
斯洛伐克	64.6	62.9	61.7	62.7	60.3	60.6	59.2	64.8	65.5	67.8	68.3
西班牙	70.2	69.1	68	67.2	67.6	68.5	63.6	65.1	65.7	66.9	69.9
瑞典	71.9	71.7	72.9	73.1	72.7	72	74.9	76.3	75.2	74.9	74.7
土耳其	64.2	62.5	62.9	64.9	63.2	62.1	65.2	65.4	64.6	64.4	64
英国	74.5	74.1	74.8	74.9	75.8	76.4	76.4	78	78.9	79.3	78.4

资料来源：世界银行网站。

附表3　样本东道国心理距离七维度距离

国家	文化	政治	语言	教育	宗教	工业发展	地理
奥地利	3.87788	8.06500	10	1.76313	6.49540	3.18693	7.46801
比利时	3.39774	8.20647	10	1.08188	3.50460	3.36813	7.97081
芬兰	4.25972	8.00619	10	0.68584	3.50460	1.86739	6.32687
挪威	4.97915	8.16957	10	1.39767	6.49540	3.24875	7.03100
葡萄牙	4.51722	8.07121	10	0.91633	3.50460	2.88303	9.67562
瑞典	5.15694	8.35139	10	2.35307	3.50460	3.11882	6.71378
土耳其	2.78952	7.10959	10	1.73694	3.50460	1.59492	6.84178
捷克	1.63585	8.13384	10	0.88234	3.50460	2.01671	7.46224
匈牙利	3.41505	8.17888	10	1.37891	3.50460	3.50708	7.34737
波兰	3.59476	8.15030	10	1.17453	7.37170	4.07595	6.94789
罗马尼亚	2.24289	7.89184	10	1.26579	7.37170	1.38721	7.06847
塞尔维亚	0.28149	8.09161	10	0.95727	7.37170	1.50661	7.61569
斯洛伐克	0.20236	5.76120	10	0.60208	8.24799	0.22344	7.42238
德国	0.14672	2.12193	10	1.04246	7.37170	2.20428	7.36332
西班牙	0.18307	6.01853	10	0.37613	7.37170	0.75381	9.23229
法国	0.10298	8.14288	10	0.92077	6.49540	1.46724	8.22523
英国	0.18456	8.15202	10	0.81879	3.50460	1.48033	8.15135
斯洛文尼亚	0.30502	8.40624	10	1.46894	6.49540	2.20429	7.72263
意大利	0.13708	8.15682	10	1.18535	3.50460	3.70893	8.13469
俄罗斯	0.26706	3.49259	10	1.61754	9.12400	0.50218	5.79504
荷兰	0.25046	8.09382	10	0.87413	3.50460	3.30477	7.83114

资料来源：https：//sites.google.com/site/ddowresearch/。